Don Gossett

Lobpreisstraße

Don Gossett

Lobpreisstraße

Die amerikanische Originalausgabe erschien unter dem Titel
Praise Avenue bei Whitaker House, Springdale, Pennsylvania.

Aus dem Amerikanischen übersetzt von Doris Ewert

16. Auflage 2010 (1. Aufl. im ASAPH Verlag)

ISBN 978-3-940188-28-1
Best.-Nr. 147428

Titelgestaltung: joussenkarliczek, Solveig Schäfer, D-Schorndorf
Druck: Schönbach-Druck, D-Erzhausen
Printed in the EC

Über unser umfangreiches Lieferprogramm an christlicher
Literatur, Musik und vielem mehr informieren wir Sie gern
kostenlos. Bitte besuchen Sie unsere Internetseite www.asaph.net
oder schreiben Sie an:
ASAPH, D-58478 Lüdenscheid, E-Mail: asaph@asaph.net

Es gibt zwei Arten von Menschen auf der Welt:
solche, die dem Glück nachlaufen,
und solche, die es bereits eingeholt haben.

In unserem Zeitalter der Computer,
der Krisen und der Atombombe braucht man mehr als
nur eine Theorie, um die Spannungen zu überleben.

Sieh dir die leichtverständlichen Instruktionen,
die dieses Buch enthält, einmal an. Und dann probiere
sie ehrlich aus. Du wirst feststellen,
daß Glücklichsein einfacher ist, als du gedacht hast!

Inhalt

Vorwort

Auf meinen Reisen hin und her in der ganzen Welt begegnen mir viele Menschen, die das Leben sehr negativ sehen — Menschen, die über ihr Unglück klagen und murren — Menschen, die davon träumen, was aus ihnen hätte werden können, wenn sie nicht so viele Schicksalsschläge und schwierige Verhältnisse hätten hinnehmen müssen.

Offen gestanden frage ich mich, ob nicht viele von ihnen ein höheres Niveau erreicht hätten, wenn es ihnen nur gelungen wäre, ihre Niederlagen durch Lobpreis zu bewältigen. Das ist das ganze Geheimnis — und wie wird man innerlich aufgerichtet, wenn man „durch dick und dünn" den Herrn lobt und preist!

Don Gossett ist ein wahrer Bruder und ein Mann des Glaubens, den wir lieben und schätzen. Seine Botschaft hat Millionen von Menschen auf der ganzen Welt begeistert und inspiriert. In diesem Buch geht er dem Geheimnis des Lobpreises auf den Grund.

Während Don Gossett seine Erfahrungen mit dir teilt und von der Kraft berichtet, die in der Ausübung des Lobpreises liegt, wirst auch du Wegweiser und Orientierungspunkte entdecken, die dich zur „Lobpreisstraße" führen.

Nimm dir also Zeit, dieses Buch auf dich wirken zu lassen. Und vergiß nicht, den Herrn in allen Dingen zu preisen! Das ist das Geheimnis!

Andraé Crouch

1. Laß dich nicht in Panikstimmung versetzen — preise lieber den Herrn!

Ich wurde aus dem Wagen geschleudert, landete in einer Schneewehe und fühlte, wie gut zwei Tonnen Automobil über mich hinwegrollten.

Zitternd stieß ich die Worte aus: „Herr, hilf mir! Laß mich nicht sterben!"

Dann kam von irgendwoher ganz stark der Eindruck: „Du wirst *nicht* sterben."

„Nicht sterben?" dachte ich. „Lieber sterben, als mein Leben lang ein Krüppel sein!"

Langsam und unter Schmerzen kroch ich aus der Schneewehe heraus und stellte überrascht fest, daß ich stehen konnte. Ich sah zum Wagen hin, der weiter den Hügel hinabgerollt war, und fing an, meinen Körper nach Knochenbrüchen abzutasten. Dann tastete ich mit den Händen Gesicht und Hals ab in der Erwartung, Blutspuren vorzufinden.

Kein Blut zu sehen!

In demselben Augenblick kam eine Gruppe von Straßenbauarbeitern auf mich zugerannt. Die Arbeiter waren völlig überrascht, mich lebendig und unverletzt zu sehen — besonders, weil mein alter Buick durch den Unfall total zertrümmert war.

„Glück gehabt!" rief einer der Männer. „Wissen Sie,

daß das Auto einfach über Sie weggerollt ist? Tot sein müßten Sie!"

Mit dem besten Lächeln, das ich zustandebringen konnte, sagte ich ihnen, daß nicht das Glück mir geholfen habe, mit dem Leben davonzukommen, sondern daß der Herr mich bewahrt habe.

Langsam begann ich diese Tatsache besser zu begreifen: Gott, der große, erhabene Gott, gab acht auf mich, Don Gossett! Als mir dies klar wurde, nahm ich mir vor, mir über nichts mehr Sorgen zu machen. Wenn Gott auf mich acht gab, wollte ich ihn in jeder Lage preisen.

Mit den Jahren ist diese Überzeugung weiter gewachsen. Ich habe mich in allen möglichen Situationen befunden, die dem Lob Gottes nicht eben förderlich zu sein schienen. Dennoch bin ich von der Macht des Lobpreises so überzeugt, daß nur wenige Dinge mich noch aus der Fassung bringen.

Einige Zeit nach dem ersten Unglück zum Beispiel hatte ich auf dem Weg nach Chikago wieder einen schweren Unfall. Diesmal fiel mir auf, wie selbstverständlich es für mich geworden war, Gott zu preisen. Mein Wagen kam von der Fahrbahn ab, überschlug sich, und mein Körper wurde vom Vordersitz auf den Rücksitz geschleudert, ohne daß ich dagegen etwas tun konnte. Als der Wagen endlich zum Stillstand gekommen war, stellte ich fest, daß ich darin fest saß! Ein kaltes Rinnsal von Benzin lief über mich. Die beißenden Dämpfe stiegen mir in die Nase, als ich so eingeklemmt im Autowrack lag. Im gleichen Moment jedoch erinnerte mich der Heilige Geist daran, Gott zu loben. Und ich gehorchte in der festen Zuversicht, daß Gott Herr der Lage war.

Während ich dalag und still den Herrn pries, hörte ich draußen eine Männerstimme sagen: „Den Kerl sollten wir schleunigst da rausholen! Jeden Moment kann das Benzin Feuer fangen und ihn bei lebendigem Leibe verbrennen!"

Es mag manchem seltsam vorkommen, aber ich kann wahrhaftig sagen, daß ich keine Angst hatte. In der Gewißheit, daß der Herr mich bewahren würde, lag ich einfach da und wartete geduldig, bis die Männer das Autowrack aufgebrochen hatten und ich hinauskommen konnte.

Als sie mich endlich befreit hatten, konnte ich nur dastehen und Gott für seine mächtige Bewahrung danken.

Viele Leute hielten an, denn die Straße war sehr befahren. Wenn sie sahen, wie zertrümmert und übel zugerichtet mein altes Auto war, fragten sie alle: „Wer ist da umgekommen? Wer war darin?"

Dann konnte ich jedem erklären: „Ich bin der Mann, der in diesem Auto gesessen hat. Der Herr hat seine Hand über mir gehalten, so daß ich hier stehen darf." Nie zuvor und nie danach habe ich wohl so viele verwunderte Gesichter gesehen!

„Kann denn der Lobpreis wirklich Dinge ändern?" fragst du. Vor einigen Jahren wäre mir eine solche Frage nie in den Sinn gekommen — und wenn, dann hätte ich sie ganz bestimmt nicht bejaht. Dennoch habe ich im Laufe der Jahre wieder und wieder festgestellt, daß der Lobpreis wahrhaftig Wunder wirkt.

Diese Entdeckung habe aber nicht nur ich gemacht. Reginald Layzell war als erfolgreicher Verkaufsleiter in einer großen Firma in Toronto/Ontario tätig, die Büromaterial lieferte. Eines Tages machte er sich auf den Weg nach Abbotsford/British Columbia, wo er in einer Gemeinde eine Reihe von Versammlungen halten wollte. Obwohl er ein bekannter Geschäftsmann war, nahm sich Reg doch oft Zeit zum Predigen.

Er gab sich alle Mühe — aber seine ersten Ansprachen schienen auf taube Ohren zu treffen. Er mußte sich eingestehen, daß die Versammlungen nichts ausrichteten, und so nahm er seine Zuflucht zu Gebet und Fasten. Als auch das nichts zu nützen schien, erwog er den Gedanken, die Versammlungen abzubrechen und nach Hause zu fahren.

An seinem ersten Gebetstag geschah jedoch etwas: Ein Vers aus den Psalmen kam ihm in Erinnerung. Er wußte nicht, daß es Psalm 22, 4 war, aber der Heilige Geist rief ihm die Worte ins Gedächtnis, von denen er wußte, daß er sie schon gelesen hatte:

> *Doch du bist heilig, der du wohnst unter den Lobgesängen Israels.*

Zuerst dachte Reg nur über den ersten Teil des Verses nach, darüber, wie heilig Gott ist. Aber dann führte der Heilige Geist ihn auch zur zweiten Hälfte des Verses, in der der Psalmist von Gott spricht als dem, „der unter den Lobgesängen Israels wohnt". Plötzlich schien sich der Himmel zu öffnen, und die ganze Wucht jenes herrlichen Verses traf ihn: *Gott wohnt tatsächlich im Lob seines Volkes!*

Das war ein revolutionärer Gedanke: Obwohl Gott hoch und erhaben ist, will er in Wahrheit dort wohnen (und sich offenbaren), wo Lobpreis zu ihm emporsteigt! In Regs Kopf jagten sich die Gedanken: „Wenn Gott im Lob wohnt, ist es meine Aufgabe, dieses Kirchengebäude mit Lob zu erfüllen; dann wird Gott herabkommen und hier wohnen."

Reg entschloß sich zu handeln. Wenn dieser Gedanke von Gott war, würde es gelingen; wenn nicht, würde er das früh genug feststellen. Als trauriger Versager hatte er absolut nichts mehr zu verlieren. Wenn es aber *stimmte,* hatte er alles zu gewinnen!

Also fing er in schlichtem Gehorsam gegen Gottes Wort und in blindem Glauben an die Unterweisung jenes Bibelverses an, den Herrn zu preisen, wenngleich er deprimiert und mutlos war.

Zum Glück war er allein; sonst wäre es ihm vielleicht zu schwer geworden, und es hätte ihn zu sehr in Verlegenheit gebracht, Gott mit erhobenen Händen laut zu preisen — besonders, weil sein ganzes Wesen und seine Herkunft einer derartigen Handlungsweise genau entgegengesetzt waren: Er war nämlich ein ruhiger, gesetzter, ernster Engländer!

Nachdem er den Herrn eine Zeitlang in einem kleinen Nebenraum gepriesen hatte, begab er sich in den Gemeindesaal. „Ich brauche Gott ganz gewiß auf der Kanzel", gestand er sich ein, „also will ich hinaufgehen und ihn dort loben." Das tat er auch.

Anschließend sagte er sich: „Auch der Klavierspieler ist ziemlich tot", also marschierte er mehrmals um das Klavier herum und pries dabei Gott im festen Vertrauen, daß er herabkommen und auch an dieser Stelle wohnen werde.

Gangauf, gangab ging es, durch alle Bankreihen, die Treppe hinunter in alle unteren Räume, und dabei lobte er Gott ununterbrochen.

Die Nachmittagsstunden verrannen, aber immer noch schritt er durch das Kirchengebäude, wobei er den Herrn laut pries. Während die Stunden verstrichen, nahm seine Befangenheit immer mehr ab, der Lobpreis wurde dagegen ständig lauter. Die Abendbrotzeit ging unbeachtet vorüber; der Lobpreis dauerte an.

Es war seine vorsätzliche Entscheidung gewesen, im schieren, nackten Glauben zu handeln, absolut bar aller Gefühle. Nur eins wußte er: In Gottes Wort stand geschrieben, daß Gott im Lob wohne, und das wollte er „ausprobieren".

Gegen sieben Uhr erschienen die ersten Gottesdienstbesucher, die sich vorher noch etwas Zeit zum Beten nehmen wollten; Reg kniete am Altar und pries den Herrn weiter.

Nach einigen Minuten eröffnete er dann die Versammlung mit dem Eingangslied: *Es ist Kraft in dem Blut*. Als sie soeben den ersten Vers gesungen hatten, hob plötzlich eine Frau in Anbetung zu Gott ihre Hände empor und wurde gewaltig im Heiligen Geist getauft. Von jenem Augenblick an war die Erweckung in vollem Gange!

Manchem mag es unglaublich erscheinen, daß die Offenbarung eines einzigen Bibelverses einen solchen Wandel herbeizuführen imstande war — von absolutem Versagen zu herrlicher Erweckung. Und doch geschehen zwangsläufig überall da Wunder, wo jemand dem Wort Gottes wirklich *glaubt*.

Reg, der später Gründer und Leiter des „Glad Tidings Temple" wurde, einer der größten Gemeinden im Westen Kanadas, beschreibt seine Überzeugung betreffs des Lobpreises wie folgt:

> „Mehr als einmal habe ich gesagt, daß ich, wenn ich mich beim Predigen auf ein einziges Thema beschränken müßte, ohne Zögern das Thema wählen würde: »Das Lob Jesu«. Und zwar aus verschiedenen Gründen.
>
> Erstens verdanke ich alles Jesus und seiner Gnade. Ohne Jesus würde ich noch immer in meinen Sünden verloren sein. Ohne ihn, da bin ich ganz sicher, wäre ich tot und in der Hölle. Jesus hat alles für mich getan, und ich kann ihn niemals zuviel preisen.
>
> Darüber hinaus habe ich festgestellt, daß Gottes Wort, das die Richtschnur für unser Leben ist, uns auffordert, ihn in allen Dingen und zu jeder Zeit zu preisen. Es gibt in der Bibel wahrscheinlich mehr Stellen über Lobpreis und Anbetung als über irgendein anderes Thema.

Ich habe erkannt, daß jede Seite des Evangeliums wirkungsvoll ist, wenn man in Predigt und Praxis das Lob Jesu zum Thema hat. Er wohnt unter den Lobgesängen Israels. Und weil er in der Atmosphäre wahren biblischen Lobpreises gegenwärtig ist, werden Sünder gerettet, Menschen geheilt, Gläubige im Heiligen Geist getauft und alle zusammen gesegnet."

Eine solche Macht liegt im Preisen. Nachdem ich Reg Layzells Bemerkungen zu diesem Thema gelesen hatte, wurde ich in Gedanken in eine Gebetsstunde zurückversetzt, an der ich zu der Zeit teilgenommen hatte, da Gott mir die Anfangslektionen über das Preisen erteilte. Im Verlauf jener Versammlung erhob sich ein Mann und fing an, eine lange Litanei von Prüfungen, Drangsalen, Leiden und Nöten aufzuzählen, denen er auf seinem Weg zum Himmel ausgesetzt sei. Während ich dort saß und ihm zuhörte, konnte ich so recht mit ihm mitfühlen.

Als dieser Mann sich gesetzt hatte, stand ein anderer auf und sagte: „Ich sehe, daß unser Freund hier in der Murrstraße wohnt. Da gibt es jeden Tag Kampf. Ich habe früher auch in der Murrstraße gewohnt." Dann berichtete er davon, wie traurig sein Leben gewesen sei: wie schwach seine Gesundheit, wie freudlos sein Ausblick, wie deprimiert sein Gemüt.

„Aber schließlich bin ich in die Lobpreisstraße gezogen", fuhr er mit verschmitztem Lächeln fort. „Und seit ich da wohne, habe ich mehr Sonne, die Luft ist besser — und sogar mit meiner Gesundheit ist es aufwärts gegangen."

Ich war tief bewegt und gleichzeitig beunruhigt, weil ich erkannte, daß ich manchmal dem ersten Mann glich, der in der Murrstraße wohnte.

Wieviel Zeit meines Lebens hatte ich damit verbracht,

Gott zu loben, verglichen mit der Zeit, die unfruchtbarem Klagen gewidmet gewesen war? Beschämt mußte ich zugeben, daß ich mehr Zeit mit Sorgen als mit Dank gegen meinen Schöpfer zugebracht hatte.

Während ich auf dem Heimweg über diese Dinge nachgrübelte, dachte ich auch an die Hebräer und ihre Wanderung durch die Wüste mit Mose als Führer. Hier war eine Schar Menschen, die Gott aus der Knechtschaft Ägyptens befreit hatte. Er hatte das Rote Meer geteilt, damit sie entkommen konnten; er hatte sie wunderbar mit Manna gespeist. Aber immer noch beharrten sie darauf, zu murren.

Sie befanden sich in einem Teufelskreis: Sie murrten, weil sie nicht zufrieden waren. Und wenn Gott sie für diese Haltung bestrafte, murrten sie noch mehr. Dann mußte Gott sie für ihr vermehrtes Murren bestrafen. Und so ging es immer weiter.

Kein Wunder, daß ihr Leben nicht besser wurde! Kein Wunder, daß sie 40 Jahre lang durch die Wüste wandern mußten! Das einzige, was Gott von ihnen verlangte, waren Gehorsam, Lobpreis und Anbetung; dennoch versagten sie.

Je mehr ich darüber nachdachte, desto unbehaglicher fühlte ich mich. Hier war ich, ein gläubiger Christ, der durch Jesus von der Knechtschaft der Sünde befreit worden war. Ich war gespeist, bekleidet und versorgt worden. Dennoch hatte ich ihn nicht gebührend gepriesen. Vielleicht hatte der zweite Mann Recht; vielleicht würde wirklich alles besser werden, wenn ich einfach anfinge, Gott konsequenter zu preisen.

2. Warum sich fürchten?

Als ich mich schließlich in der Lobpreisstraße eingelebt hatte, war ich erfreut über die Friedlichkeit meiner Nachbarschaft. Keiner schien über irgend etwas besorgt zu sein. Keiner hatte Angst. Keiner war unruhig.

„Das ist wirklich großartig!“ dachte ich. „Viele Leute merken gar nicht, daß sie ganz ohne Furcht leben könnten, wenn sie einfach anfingen, Gott zu preisen, anstatt sich aufzuregen und zu fürchten.“

Ich erinnerte mich, daß die Furcht beinahe meinen eigenen Dienst ruiniert hätte, noch ehe er sich entfalten konnte.

Meine größte Furcht war die Menschenfurcht gewesen. In meinen jungen Jahren war es mir immer schwergefallen, mit Menschen zu sprechen. Einzelgespräche zu führen, war schon schwierig genug — ganz zu schweigen davon, daß ich vor einer größeren Zuhörerschaft hätten reden sollen. Trotzdem hat Gott in seiner Gnade mich von meiner größten Furcht erlöst: der Menschenfurcht.

Ich kann mich noch gut an die Begebenheit erinnern: Ich war erst 18, als Gott mir eines Nachts in meinem Zimmer erschien und stundenlang mit mir redete. Morgens gegen 6 Uhr 30 hörte ich Papa unten in der Küche rumoren, und ich ging zu ihm hinunter, um ihm zu berichten, daß der Herr in der Nacht mit mir gesprochen und mich berufen habe, das Evangelium zu verkündigen.

Papa war ein rauher Bursche und hatte bis dahin ein entsprechendes Leben geführt. Den Namen Gottes hatte ich aus seinem Munde nur beim Fluchen gehört. Er war ein weltlicher Mann, ein Sünder durch und durch, der die Flasche, das Spiel, die Untreue und andere Laster liebte.

Als ich ihm sagte, Gott habe mich zum Predigen berufen, kam er auf mich zu und sah mir gerade in die Augen. Langsam zog er an seiner Zigarette, wandte den Kopf zur Seite und blies den Rauch durchs Zimmer. Immer noch hatte er kein Wort gesprochen.

Dann sah er mich an und sagte: „Ich kann mir nicht vorstellen, wie du jemals Prediger werden willst. Du bringst es ja kaum fertig, nur mit einem Menschen zu reden; und als Prediger mußt du sehr viel reden."

Ich wußte, daß er mich damit mutlos machen wollte. Er war einfach total dagegen, daß ich Prediger werden wollte. Es hatte in der Vergangenheit kaum einen gläubigen Christen namens Gossett gegeben, geschweige denn einen Prediger — aber ich wußte, daß Gott mich gerufen hatte.

Angesichts der Opposition und des Spottes meines Vasters konnte ich gerade so viel Mut aufbringen, daß ich erwidern konnte: „Papa, ich weiß, daß ich nicht gut reden kann, aber ich weiß auch, daß der Herr mich zum Predigen berufen hat, und mit seiner Hilfe will ich das Evangelium von Jesus Christus verkündigen."

Ich hatte gehofft, Verständnis zu finden, aber das war nicht der Fall.

Ich ging wieder nach oben in mein Zimmer und war sehr unruhig. Dann nahm ich meine Bibel zur Hand, und meine Augen fielen auf die Worte:

> *Fürchte dich nicht, denn ich bin mit dir; schaue nicht ängstlich umher, denn ich bin dein Gott; ich stärke dich, ja, ich helfe dir, ja, ich stütze dich mit der Rechten meiner Gerechtigkeit* (Jesaja 41, 10).

Wie wurde mein Herz durch diesen Vers erquickt! Wenn Gott mit mir war, so überlegte ich, brauchte ich mich nicht zu fürchten.

Eine der aufregendsten Offenbarungen, die mir je durch den Heiligen Geist zuteil geworden sind, ist die, daß Furcht durch Lobpreis überwunden werden kann. In unserer heutigen Gesellschaft ist die Angst die vorherrschende und wohl zerstörerischste Kraft. Sie ist Satans gebräuchlichstes Werkzeug und damit der „öffentliche Feind Nummer 1" für die Lobpreisstraße.

Jedoch möchte ich nicht, daß es auch nur einen Augenblick lang so aussieht, als sollte man die Ängste der Menschen auf die leichte Schulter nehmen. Furcht gibt es in allen möglichen Variationen. So wie es Autos in den verschiedensten Farben, Typen und Modellen gibt, hat auch die Furcht unendlich viele Erscheinungsformen und Intensitätsunterschiede. Ganz gleich aber, in welcher Form sie auftritt — Furcht kann mit Erfolg durch Lobpreis vertrieben werden.

Wenn du deine Ängste nicht bekämpfst, besteht die Gefahr, daß sie zu schrecklichen Ungeheuern werden, die dein Leben beherrschen und dich gebunden halten. Die Dinge, die du in deiner Vorstellung fürchtest, können dann manchmal tatsächlich wahr werden.

Fürchte dich vor dem Versagen, und du wirst höchstwahrscheinlich versagen.

Fürchte dich vor dem Altwerden, und es besteht die beste Voraussetzung dafür, daß du im Alter unglücklich wirst.

Fürchte dich vor einem Herzschlag, und es kann gut sein, daß dein Herz vorzeitig stehen bleibt.

Die Furcht ist kein Scherz. Sie ist eine biblische Tatsache. Als Hiob seine Gesundheit, seine Familie und all seinen Besitz verloren hatte, machte er eine sehr aufschlußreiche Bemerkung: „... Denn ich fürchtete einen Schrecken, und er traf mich, und vor dem mir bangte, das kam über mich" (Hiob 3, 25).

Diese Worte gewähren uns einen Einblick in das Unglück Hiobs, der nur von wenigen verstanden wird. Wie so viele von uns, hatte Hiob Angst. Als er seine Ängste wachsen ließ, bekam der Teufel die Erlaubnis, in sein Leben einzugreifen und diese Ängste Wirklichkeit werden zu lassen. Leider erkannte Hiob seinen Fehler erst, als das, was er gefürchtet hatte, tatsächlich geschehen war.

Dr. Alexis Carroll, einer der führenden Mediziner Amerikas, sagte einmal: „Die Furcht ist in der Lage, eine echte Krankheit hervorzurufen." Ich stimme vollkommen mit Dr. Carroll überein! Ich bin überzeugt, daß viele Menschen nur deshalb von Krankheiten befallen werden, weil sie sich davor fürchten. Manche haben so lange Angst vor Arthritis, bis sie tatsächlich Arthritis *haben*. Andere fürchten sich vor einem Nervenzusammenbruch, bis sie ihn bekommen. Daneben gibt es auch Krankheiten, die aus einer Furcht resultieren, die mit körperlicher Gesundheit an sich gar nichts zu tun hat. Für solche Art von Krankheit sind Magengeschwüre vermutlich das beste Beispiel.

Wie bereits gesagt, kann die Furcht die verschiedensten Erscheinungsformen haben. Einer meiner Freunde, den ich auf den westindischen Inseln kennenlernte, ist jetzt Psychiater in Washington, D.C. Vor einiger Zeit unterhielten wir uns über die Furcht, und er erzählte mir von einigen Fällen ungewöhnlicher Furcht, unter denen seine Patienten zu leiden hatten. Er kannte zum Beispiel einen Mann, der eine solche Angst vor Schmutz hatte, daß er keinem die Hand gab, aus Furcht, er könne sich infizieren. Dieser Mann wusch sich laufend die Hände, wohl fünfzig- bis hundertmal am Tag. Schließlich gelangte er an den Punkt, an dem er sich kaum noch von seinen eigenen Angehörigen berühren ließ!

Wie schade, daß dieser Mann nichts von dem herrlichen Sieg Gottes über die Furcht wußte! Es tut mir jedesmal weh, wenn ich an das unnötige Leid im Leben dieses Mannes und seiner Familie denke — nur weil er sich der Furcht überließ.

Leider haben sich auch viele Gotteskinder dem Wirken Satans durch die Furcht geöffnet. Meine Frau und ich wissen von einem bekannten Ehepaar im Werk des Herrn, das von einem Geist der Furcht beseelt ist. Diesen Zustand nennt man *Toxophobie,* das heißt Furcht vor Vergiftung. Oft haben die beiden Angst, ihr Essen sei vergiftet, und sie rühren es nicht an. Ich habe manchmal darüber nachgedacht, wieviel wirksamer ihr Dienst sein könnte, wenn sie sich nicht dieser Furcht überlassen hätten.

Jesus sagte, daß niemand zwei Herren dienen könne; er werde entweder den einen hassen und den anderen lieben, oder den einen lieben und den anderen hassen. Ich bin überzeugt, daß du Jesus nicht effektiv dienen und gleichzeitig ein Sklave der Furcht sein kannst. Wenn du aber schon irgendeiner Art von Furcht verfallen bist, kann Jesus dich freimachen.

Das klassische Beispiel in der Bibel für eine derartige Befreiung ist der König Josaphat, der das Volk Israel zum Sieg führte — und zwar durch die Macht des Lobpreises.

Meinst du, dich vor etwas fürchten zu müssen? Wenn ja, sieh dir einmal Josaphats Geschichte in 2. Chronika 20 an und vergleiche seine Situation mit der deinen. Josaphat war von drei feindlichen Heeren umzingelt. Das Volk Israel war ihnen zahlenmäßig weit unterlegen, und es sah trübe für sie aus. Aber was tat Josaphat?

Als erstes entschloß er sich, den Herrn zu fragen, was nach *seiner* Meinung getan werden solle. Dieses Gebet Josaphats wurde durch einen Propheten mit Namen Jachasiel beantwortet. Die ersten Worte seiner Weissagung lauteten: „*Fürchtet euch nicht und erschrecket nicht*..." (Vers 15).

Gott wußte, daß Israels größter Feind nicht die Moabiter, Ammoniter, noch die Bewohner von Seir waren, die alle zusammen das Volk angreifen wollten — nein, ihr größter Feind war die *Furcht*.

Weiter sagte der Herr in seiner Botschaft an sein Volk, daß es nicht ihr Streit sei, sondern seiner. Tatsächlich verhieß er ihnen: „*Ihr werdet hierbei nicht zu streiten haben; tretet hin, stehet und sehet die Rettung des Herrn*..." (Vers 17).

Wie groß ist Gott! Er sagte nicht, daß er ihnen *helfen* werde, den Kampf zu gewinnen. Er sagte auch nicht, daß sie 50 Prozent des Streitens zu übernehmen hätten und er den Rest tun werde; nein, er sagte, daß er den *ganzen Kampf* für sie führen werde.

Wie reagierte das Volk nun darauf? In der Bibel steht weiter: „*Und die Leviten ... standen auf, um den Herrn, den Gott Israels, zu loben mit überaus lauter Stimme*" (Vers 19). Dann „*bestellte Josaphat Sänger für den Herrn, welche lobsangen in heiligem Schmuck, indem sie vor den Gerüsteten her auszogen und sprachen: Preiset den Herrn, denn seine Güte währt ewiglich*" (Vers 21)!

Fürchteten die Leute sich? Natürlich! Sie waren umringt von drei feindlichen Heeren, deren Ziel es war, sie gänzlich auszurotten. Trotzdem lobte das Volk Israel den Herrn.

Beachte auch, daß sie dem Wort des Herrn voll und ganz vertrauten. Diejenigen, die den Herrn loben sollten, wurden nicht *hinter* die Gerüsteten plaziert, wo sie sicherer gewesen wären; nein, ihr Platz war *vor* den Soldaten — im Vertrauen darauf, daß ihr Lob für den allmächtigen Gott genau die passende Wohnung sein und er für sie streiten werde.

Und der Herr gewann *wirklich* den Kampf. Die Heere

Ammons und Moabs gerieten in Verwirrung und fingen an, mit den Bewohnern von Seir zu kämpfen, bis sie sich gegenseitig völlig aufgerieben hatten.

Nachdem der Kampf zu Ende war, brauchten Josaphats Leute drei volle Tage, um die Beute zu sammeln.

Der letzte Abschnitt in diesem Bericht ist vielleicht der wichtigste. Nachdem das Volk mit dem Sammeln der Kriegsbeute fertig war, nahm es sich einen ganzen Tag frei, um den Herrn zu loben und zu preisen für alles, was er getan hatte.

Wenn Gott uns von dem befreit, vor dem wir uns gefürchtet haben, sollten wir ihm dafür immer Preis und Ehre bringen. Auf diese Weise werden wir fröhlich in der Lobpreisstraße wohnen können.

3. Wie man auf der Lobpreisstraße eine Wohnung bekommt

Es gibt eine sehr alte Geschichte von einem Palast, in dem eine herrliche Pfeifenorgel stand. Diese Orgel funktionierte viele Jahre lang einwandfrei, aber eines Tages ging sie leider kaputt.

Sofort wurden die besten Experten aus der ganzen Welt herbeigerufen, um sie zu reparieren. Aber obwohl sich alle die größte Mühe gaben, war keiner in der Lage, die Orgel wieder in Ordnung zu bringen. So stand sie kalt und stumm da.

Eines Tages jedoch klopfte ein Mann an die Tür, der aussah wie ein Bettler. Er fragte, ob man ihm die Möglichkeit geben wolle, die Orgel zu reparieren. Zuerst wurde er abgewiesen, weil er eben wie ein Vagabund aussah. Endlich entschloß sich der Hausherr aber, es auf einen Versuch ankommen zu lassen. „Eigentlich", so überlegte er, „kann dieser Mann es ja nicht schlechter machen als die anderen alle."

Also machte sich der Fremde an der Orgel zu schaffen, und nach wenigen Stunden hörten die Bewohner des Palastes von neuem herrliche Musik das ganze Haus durchfluten. Alle, vom niedrigsten Dienstboten bis zum Besitzer, kamen ins Musikzimmer geeilt.

„Wer bist du", fragten sie, „daß du die Orgel wieder in

Gang bringen konntest, wo doch die besten Spezialisten der Welt nicht dazu in der Lage waren?"

„Ich", erwiderte der Fremde, „bin der Mann, der sie gebaut hat."

Laßt uns hier einen Augenblick stehen bleiben. Bevor wir fortfahren, das Thema des Lobpreises zu ergründen, ist es sehr wichtig, daß du Bekanntschaft schließt mit dem Herrn der Straße — mit dem, der sie „gebaut" hat. Sein Name ist Jesus Christus. Er ist es, der ein Leben im Lobpreis erst möglich macht. In diesem Buch geht es nicht darum, einfach eine Lehre von geistigem Optimismus zu verkündigen. Es ist uns vielmehr ein Anliegen, dich mit jemand bekanntzumachen, der dein Leben völlig umwandeln kann. Wenn du erst in Kontakt mit ihm gekommen bist und ihn *kennengelernt* hast, wirst du Grund genug haben, ein preisender Mensch im biblischen Sinne zu werden.

Weißt du, Jesus Christus hat nicht nur die Möglichkeit geschaffen, ein Leben im Lobpreis führen zu können; er hat dich und mich erschaffen. Was immer an uns sein mag, was „reparaturbedürftig" ist, ist für ihn eine Kleinigkeit. Schließlich *ist* er ja der Sohn Gottes und die mächtige zweite Person der Gottheit. Er gab sein Leben hin, um die Strafe für alle unsere Sünden zu tragen. Aber der Tod konnte ihn nicht auslöschen, das Grab ihn nicht halten. Er erstand von den Toten und wurde von vielen Menschen gesehen. Dann fuhr er auf zum Himmel und wird bald in Macht und Herrlichkeit wiederkommen, um sich mit allen bluterkauften Gläubigen zu vereinigen, und wir werden in Ewigkeit mit ihm herrschen.

An dieser Stelle möchte ich dir eine wichtige Frage stellen — wahrscheinlich die wichtigste in deinem ganzen Leben: Was bedeutet Jesus *dir?* Ist er dein persönlicher Herr und Heiland?

Ich hoffe, daß die meisten meiner Leser antworten können: „Ja, Jesus ist mein Heiland!“ Aber wenn du diese Antwort nicht ganz ehrlich geben kannst, wenn du noch irgendwelche Zweifel hast, dann laß mich dir versichern, kraft der Autorität des ewigen Gotteswortes, daß du heute noch gerettet werden kannst! Für alle deine Sünden kannst du Vergebung erlangen und in diesem Augenblick ein ganz neues Leben beginnen!

„Wie denn?“ fragst du.

Als erstes möchte ich dich bitten, alle deine persönlichen Vorstellungen und Theorien über die Frage, wie man in den Himmel kommt, über Bord zu werfen und mich aufzeigen zu lassen, was das Wort Gottes dazu zu sagen hat.

Die erste Wahrheit mag eine „bittere Pille“ für dich sein. Dennoch, mein Freund, kann Gott uns nicht helfen, wenn wir nicht bereit sind zu glauben, was er über uns sagt: daß wir verlorene Sünder sind und uns auf dem Weg in das ewige Verderben befinden. Gott sagt in seinem Wort: *„Da ist kein Gerechter, auch nicht einer“*, und wiederum: *„... alle haben gesündigt und reichen nicht hinan an die Herrlichkeit Gottes“* (Römer 3, 10.23).

Meine Botschaft an dich heute ist die gleiche, die schon Paulus gepredigt hat: *„... Buße zu Gott und Glauben an unseren Herrn Jesum Christum“* (Apostelgeschichte 20, 21). Alle Schritte zum Heil lassen sich in diesen beiden schlichten Worten zusammenfassen: Buße und Glauben.

Wenn du dich von deiner Sünde weg- und zu Jesus hinwendest, wird er zu dir kommen, dir vergeben, dich retten, reinigen, neu machen und dein Herz mit Lob erfüllen. Das einzige, was du zu tun hast, ist, ihm dein Vertrauen zu schenken.

Vielleicht fällt dir das schwer. Vielleicht bist du nicht sicher, daß Jesus wirklich etwas für dich ist. Oder vielleicht bist du noch nicht ganz bereit, deine Hoffnung auf Errettung allein auf ihn zu setzen.

Ich denke da an eine Geschichte, die ich einmal hörte: In den Anfangstagen unseres Landes befand sich ein müder Wanderer auf der Reise. An einem kalten Winterabend erreichte er das Ufer des Mississippi. Der Fluß war zugefroren, und der Mann fragte sich, ob das Eis ihn wohl tragen werde.

Die Nacht brach herein, und er mußte dringend auf die andere Seite gelangen. Nachdem er lange gezögert hatte, begann er schließlich voller Angst, auf Händen und Knien vorsichtig über das Eis zu kriechen. Auf diese Weise hoffte er, sein Gewicht so gut wie möglich zu verteilen und damit das Einbrechen zu verhindern. Als er etwa auf halber Strecke war, hörte er hinter sich jemanden singen. Aus der Dämmerung heraus kam ein Mann, der einen mit vier Pferden bespannten Wagen voller Kohlen über das Eis fuhr und dabei fröhlich und sorglos sang!

Hier war der eine: auf Knien rutschend und in der zitternden Erwartung, das Eis unter sich brechen zu hören; und dort, wie vom Winterwind fortgeweht, fuhr der andere samt Pferden und Kohlen, von demselben Eis getragen, auf dem der erste entlangkroch. Der Unterschied zwischen beiden Männern bestand darin, daß der Mann mit den Pferden das Eis erprobt hatte und wußte, es werde sowohl ihn als auch seine Last sicher tragen können.

Freund, ich habe Christus erprobt. In jeder Lebenslage — in Freud und Leid, Erfolg und Mißerfolg, Gesundheit und Krankheit, ja, in jeder nur denkbaren Situation habe ich Jesus vertraut und festgestellt, daß er in der Lage war, mich samt meiner Last sicher ans andere Ufer zu bringen. Ich kann mit Paulus sagen: „. . . *ich weiß, wem ich geglaubt habe, und bin überzeugt, daß er mächtig ist, das mir von ihm anvertraute Gut auf jenen Tag zu bewahren*" (2. Timotheus 1, 12). Mit anderen Worten: Ich weiß, daß das Eis trägt!

Vielleicht sagst du aber: „Ich bin noch nicht ganz bereit für Jesus. Ich glaube nicht, daß ich es wert bin, ihm nachzufolgen."

O wie leid tut es mir, wenn du so etwas sagst!

Es gibt eine erfundene Geschichte von einem Mann, der an die Himmelspforte kam und über deren Bogen ein Schild mit der Aufschrift entdeckte: „Eintritt 1 000 Punkte."

„Oh", dachte er, „das ist ja ganz einfach", und machte sich daran, mit dem Engel an der Tür zu verhandeln.

Der Engel schrieb seine Personalien auf und sagte dann: „Nun erzähle mal, was für ein Mensch du gewesen bist!"

„Nun", sagte der Mann, „ich bin in meinem Leben so gut wie jeden Sonntag in die Kirche gegangen. Nur wenn ich krank war, habe ich gefehlt, und hier unter meinem Mantel habe ich eine ganze Schnur voller Medaillen, die beweisen, daß ich die ganzen 40 Jahre immer da war."

„Willst du damit sagen", fragte der Engel, „daß du in 40 Jahren nicht *einmal* in der Kirche gefehlt hast?"

„So ist es", erwiderte der Mann.

„Wunderbar!" gab der Engel zur Antwort, „dafür gibt es einen Punkt."

„Einen Punkt", dachte der Mann, „nur *einen?*"

Der Engel fuhr fort: „Was kannst du sonst noch berichten?"

„Nun", sagte der Mann, „vor kurzem habe ich erst ausgerechnet, daß ich in meinem Leben der Kirche über 50 000 Dollar geschenkt habe."

„*Das* hast du getan?" fragte der Engel, „wunderbar, das ergibt zwei Punkte! Was hast du sonst noch vorzuweisen?"

„Nun", sagte der Mann, jetzt schon ganz mutlos, „ich war für 35 Jahre Diakon in meiner Kirche, und während dieser Zeit habe ich schätzungsweise 4 000 Leute im Krankenhaus besucht."

„*So viele* Leute hast du besucht?“ erwiderte der Engel, „das macht zusammen drei Punkte.“

„Ach“, rief der Mann voller Verzweiflung, „es scheint, daß die einzige Möglichkeit, hier hineinzukommen, Gottes Gnade ist!“

„Richtig!“ entgegnete der Engel, „tausend Punkte — geh' ein zur Freude deines Herrn!“

Natürlich weist diese Geschichte einige theologische Mängel auf. Wir wollen keinesfalls andeuten, daß jemand an der Himmelstür gerettet werden könne. Die Sache ist so dringend, daß du dich *jetzt* darum kümmern mußt. Nach dem Tod ist es zu spät. Aber die Wahrheit von der Gnade Gottes ist so wichtig! Es gibt keinen anderen Weg der Rettung als durch seine Gnade. Wir können nie hoffen, durch eigenes Bemühen seiner Liebe wert zu werden. Wenn wir aber in Buße und Glauben zu ihm kommen, ist er uns gnädig und errettet uns sofort. Keiner ist gut genug für die Liebe Jesu, nicht ein einziger. Aber gib deshalb die Hoffnung nicht auf! Er will uns trotzdem haben. Lies einmal, was Jesus über dieses Thema im Matthäus-Evangelium zu sagen hatte:

> *Und als Jesus von dannen weiterging, sah er einen Menschen am Zollhause sitzen, Matthäus genannt, und er spricht zu ihm: Folge mir nach. Und er stand auf und folgte ihm nach. Und es geschah, als er in dem Hause zu Tische lag, siehe, da kamen viele Zöllner und Sünder und lagen zu Tische mit Jesus und seinen Jüngern. Und als die Pharisäer es sahen, sprachen sie zu seinen Jüngern: Warum isset euer Lehrer mit den Zöllnern und Sündern? Als aber Jesus es hörte, sprach er: Die Starken bedürfen nicht eines Arztes, sondern die Kranken. Gehet aber hin und lernet, was es ist: „Ich will Barmherzigkeit und*

> *nicht Schlachtopfer"; denn ich bin nicht gekommen, Gerechte zu rufen, sondern Sünder* (Matthäus 9, 9—13).

Freund, in den Augen des allmächtigen Gottes sind wir alle „Zöllner und Sünder", und es hat gar keinen Zweck zu versuchen, uns selbst durch gute Werke zu rechtfertigen. Warum nimmst du nicht einfach das wunderbare Geschenk der Errettung an, das Jesus dir anbietet, und dankst ihm gleich dafür?

Willst du das tun? Dann ist dies *deine* Gelegenheit. Neige den Kopf gerade da, wo du bist, und sage ihm alles: deine Sünden, deine Sorgen, deine Lasten. Bitte ihn, in dein Herz zu kommen. Er wird dich augenblicklich retten.

Wenn du dann den Herrn kennengelernt hast, wirst du dich gewiß darauf freuen, in die Lobpreisstraße zu ziehen. Dort hat er nämlich eine Wohnung für dich. Du brauchst nicht zu warten, bis du in den Himmel kommst, um ihn zu preisen. In diesem Augenblick kannst du ein Leben des Lobpreises beginnen!

4. Dauerwohnrecht

Man kann auf der Lobpreisstraße kein Haus „kaufen", sondern nur „mieten". Regelmäßiger, von Herzen kommender Lobpreis ist die „Miete", die man bezahlen muß. Und man kann nur so lange dort wohnen bleiben, wie man *fortfährt,* Gott zu preisen.

Das ist der wunde Punkt: Fortzufahren mit Preisen, wenn man einmal angefangen hat! Die meisten von uns sind gute „Starter", aber mit dem Durchhalten hapert es oft. Zu Anfang geht alles prima, aber dann, in dem Augenblick, in dem man nicht aufpaßt, fängt man an, seine Lage abzuschätzen und stellt fest, daß sie doch nicht ganz so ideal ist. Dann geht das Zweifeln los, das Murren, man giert nach etwas Besserem und latscht schließlich durch die ganze Stadt auf der Suche nach einem „besseren Los".

Habt ihr die Geschichte von dem Haus mit den goldenen Fenstern gelesen?

Ein kleiner Junge wohnte in einem gemütlichen Häuschen an einem Berghang. Jeden Morgen war er neu fasziniert von einem anderen Haus, das am gegenüberliegenden Berghang lag und goldene Fenster zu haben schien. Wie wünschte er sich, daß auch *er* eines Tages in einem Haus mit goldenen Fenstern wohnen könne!

Eines Morgens nun entschloß er sich, den weiten Weg bis zu dem anderen Berg zu machen und das Haus mit den schönen Fenstern aufzusuchen. So war er den ganzen Tag unterwegs und kam endlich abends an jenem Haus an.

Aber welche Überraschung — die Fenster waren gar nicht golden! Sie waren aus ganz normalem, einfachem Glas!

Das arme Bürschlein konnte sich das nicht erklären. Es dachte, es sei an das falsche Haus geraten. So klopfte es an, und ein kleines Mädchen machte ihm die Tür auf.

„Kannst du mir sagen", fragte der kleine Junge, „wo das Haus mit den goldenen Fenstern ist?"

Ohne Zögern zeigte das kleine Mädchen über das Tal hinweg auf das Haus, in dem der Junge wohnte, und sagte: „Dort ist es, ganz da drüben!" Der kleine Junge folgte ihrem ausgestreckten Finger, und tatsächlich, die untergehende Sonne spiegelte sich in den Fenstern seines eigenen Hauses, so daß sie aussahen wie reines Gold!

Wie oft blicken auch wir auf irgendein „Haus mit goldenen Fenstern" — irgendeine Segnung, die wir gerne hätten — und merken gar nicht, daß wir nur Gott zu preisen und uns in Jesus zu freuen brauchen, damit er uns alle Segnungen schenkt, die wir nötig haben.

Zugegeben, das erfordert Glauben. Es erfordert Glauben, Gott in jeder Lage zu preisen, aber nicht unbedingt einen fortgeschrittenen Glauben; schlichter, kindlicher Glaube reicht. Und ein solcher Glaube ist wohl der wertvollste Besitz, den ein Christ haben kann.

Glaube und Lobpreis gehen Hand in Hand, ja, der Lobpreis ist nichts anderes als der äußere Ausdruck deines inneren Glaubens. Du glaubst, daß Gott für dich sorgt. Du vertraust ihm mehr als dir selbst, und darum preist du ihn. Zweifeln und Infragestellen hingegen lassen den Lobpreis versiegen.

Vertraue also Gott, wie ein Kind seinem Vater vertraut. Mach nicht alles so kompliziert! Du brauchst dich nicht anzustrengen, bis du „in Schweiß gebadet" bist, um mehr Glauben zu bekommen. Gebrauche einfach das, was du hast. Werde ruhig und preise Gott. Danke ihm in jeder

Lage, ganz gleich, wie sie aussieht. Alles, was du brauchst, ist einfältiger Glaube.

Eines der interessantesten Vorbilder für einen derartigen kindlichen Glauben haben wir in Georg Müller aus Bristol/England. In ehrfürchtigem Staunen steht man vor den vielen Berichten über seinen Glauben an die Treue seines himmlischen Vaters.

Einmal fuhr Georg Müller mit einem Segelschiff über den Atlantik, denn er sollte in Montreal sprechen. Gegen Ende der Reise kam ein dichter Nebel auf, und der Kapitän ließ die Passagiere wissen, daß sie mit wenigstens 24 Stunden Verspätung bei der Landung rechnen müßten.

Georg Müller begab sich daraufhin in die Kabine des Kapitäns und teilte ihm mit, daß er noch nie zu spät zu einem Dienst erschienen sei und auch in diesem Fall erwarte, pünktlich in Montreal anzukommen.

Der Kapitän hörte Georg Müller ruhig zu und versuchte dann, ihm die Situation mit dem Nebel zu erklären. Aber auf alle seine Argumente gab jener zur Antwort: „Kapitän, ich glaube, daß mein himmlischer Vater von mir erwartet, daß ich meinen Predigttermin in Montreal wie vereinbart einhalte. Ich werde jetzt beten und den Vater bitten, diesen Nebel zu entfernen."

Der Kapitän erklärte, auch er sei ein Christ und wolle gern mit ihm zusammen beten.

Georg Müller sprach ein schlichtes Gebet in vollem, kindlichem Vertrauen: „Vater, ich soll am Sonntag in Montreal sein, um dein Evangelium zu predigen. Der Kapitän hat gesagt, daß der Nebel unsere Ankunft um wenigstens 24 Stunden verzögern werde. Ich habe noch nie einen Termin in deinem Dienst verpaßt, Herr, und ich rechne damit, daß du es mir möglich machst, auch diesen einzuhalten. Ich bitte dich in Jesu Namen, den Nebel zu vertreiben. Amen."

Anschließend begann der Kapitän zu beten, aber Georg

Müller unterbrach ihn. „Kapitän", sagte er, „Sie brauchen wirklich nicht zu beten, denn Sie glauben ja in Wirklichkeit doch nicht. Ich glaube; ich habe gebetet; also ist es geschehen."

Daraufhin begaben sich die beiden an Deck und stellten fest, daß der Nebel sich überraschend verzogen hatte!

So sieht einfacher, kindlicher Glaube aus, Glaube, den Gott honoriert. Kindlicher Glaube ist unerläßlich für ein Leben im Lobpreis. Je einfältiger dein Glaube, desto größer dein Erfolg im Reich Gottes. Je kindlicher dein Glaube, desto schneller wirst du mit dem Heiligen Geist erfüllt werden. Was aber das Wichtigste ist: je kindlicher dein Glaube, desto mehr wirst du dem Herrn Freude machen, indem du „in allen Dingen Dank sagst". Deshalb glaube weiter und preise ihn weiter!

Ich erinnere mich an eine Reihe von Evangelisationsveranstaltungen, die für mich auf der Insel Martinique (Westindische Inseln) arrangiert worden waren. Eine der ersten Versammlungen fand in Francois statt, wo zwar viele Menschen zuhörten, die aber auch ungewöhnlich unruhig waren. Die Kinder störten, und der fortwährende Lärm beeinträchtigte die Wirksamkeit der Evangelisation. Zu der Zeit fiel es mir sehr schwer, den Herrn zu preisen, aber trotzdem erkannte ich die Tatsache an, daß er noch immer Herr der Lage war und aus der ganzen Situation irgendwie Gutes erwachsen lassen würde. Jedoch wußte ich, daß es äußerst schwierig sein würde, auf der Insel mit unseren evangelistischen Versammlungen fortzufahren, wenn sie alle mit so viel Störung verlaufen würden wie die in Francois.

Einmal, als ich allein im Gebet und in der Anbetung vor Gott war, gab der Herr mir den Gedanken ein, die verschiedenen Prediger und Missionare zusammenzurufen, die an unserer nächsten Evangelisation in Riviere Pilote beteiligt sein sollten.

Als sie alle versammelt waren, erklärte ich ihnen kurz das Problem, und dann brachten wir dem Herrn ein Lobopfer dar. Anschließend las ich Matthäus 18, 19 vor, wo Jesus sagt: „*Wiederum sage ich euch: Wenn zwei von euch auf der Erde übereinkommen werden über irgendeine Sache, um welche sie auch bitten mögen, so wird sie ihnen werden von meinem Vater, der in den Himmeln ist.*"

Wir kamen alle überein, daß Friede, Ordnung und Zucht bei der Evangelisation in Riviere Pilote herrschen würden und daß Unruhe und ungebührlicher Lärm vertrieben sein würden. Danach tat ich etwas, was mir inzwischen zur Gewohnheit geworden ist: Ich übernahm die Führung, als wir Gott im voraus gemeinsam für den Sieg priesen, den er uns verheißen hatte.

Als ich schließlich vor der Zuhörerschaft in Riviere Pilote stand, um durch meinen Übersetzer das Evangelium zu predigen, stellte ich fest, daß der Vater wirklich das getan hatte, worum wir ihn gebeten hatten. Die Leute hörten voller Aufmerksamkeit meiner Botschaft zu und taten bereitwillig, was immer wir sie zu tun hießen. Sie waren dem Evangelium gegenüber sehr ehrerbietig und aufgeschlossen. In Scharen kamen sie nach vorne geströmt, um den Heiland aufzunehmen und von neuem geboren zu werden. Was war geschehen? Einfältiger Glaube war in tief empfundenem Lobpreis zum Ausdruck gekommen — und es war dieser Lobpreis, der die Kraft Gottes freisetzte, die in jener Situation nötig war. Unser Problem war gelöst!

Einmal evangelisierte ich in Klamath Falls/Oregon, und eine gewisse Frau Harry Belau wurde von ihrem Gemeindeleiter zu einer unserer Versammlungen gebracht. Sie hatte ein schweres Herzleiden und war offensichtlich recht schwach.

Nachdem man mir Frau Belaus ernsten Zustand beschrieben hatte, betete ich im Namen Jesu für sie. Dann fühlte ich mich vom Heiligen Geist geleitet, ihr zu sagen, sie solle den Gang des großen Gemeindesaales entlanglaufen.

Als ich später mit ihr darüber sprach, sagte sie mir, sie habe sich in jenem Moment tausend Ausreden durch den Kopf gehen lassen. Zum ersten wußte sie, daß sie sich wegen ihres Herzens nicht im geringsten anstrengen durfte. Zum zweiten hatte sie, als sie sich für den Gottesdienst fertig machte, ein Paar hochhackige Schuhe angezogen und wollte nicht darin laufen. Zum dritten war sie ganz einfach verlegen, wenn sie sich vorstellte, vor all den vielen Leuten, die sie anstarrten, den Gang entlang rennen zu sollen.

Ungeachtet ihrer Bedenken drehte sich Frau Belau mit einem Herzen voll kindlichen Glaubens und Lobpreises um und lief los, wobei sie Gott pries.

Als sie am Ende des Ganges angelangt war, merkte sie, daß sie keinerlei Schmerzen mehr in der Brust hatte. Sie schien vollkommen gesund zu sein. Wie lobte sie Gott, während sie zurück zum Podium rannte!

Seit jener Zeit hat sie sich regelmäßigen ärztlichen Untersuchungen unterzogen — jedesmal mit dem Ergebnis, daß sich absolut keine Spur einer Herzschwäche feststellen ließ!

Für jeden wiedergeborenen Christen müssen Glaube und Lobpreis zur Gewohnheit werden. Fahre fort zu glauben; fahre fort, Gott zu preisen. Preise ihn immer wieder — ganz gleich, welchem Problem du gegenüberstehst! Lobe ihn, preise ihn, bis dir das zur festen Gewohnheit geworden ist. Durch Glaube und Lobpreis wirst du dich manchmal über die Probleme hinwegheben sehen, noch ehe sie dir so richtig zum Bewußtsein gekommen sind!

Wenn du merkst, daß du den Glauben, der Wunder wirkt, nicht hast, schlage ich vor, daß du folgende Schritte unternimmst:

Erstens: Lies deine Bibel häufig. Nimm dir jeden Tag Zeit dazu. Und während du liest, bitte den Herrn, daß er das Gelesene benutzt, um deinen Glauben wachsen zu lassen. Wenn du die Bibel aufschlägst, bekenne jedesmal: „Ich glaube, daß es wahr ist, was geschrieben steht, denn Gott hat *gesagt,* daß es wahr ist."

Zweitens: Versuche, so viel gute Gemeinschaft mit Gläubigen zu haben wie nur möglich. Bitte den Herrn, daß er dir die Art von freudig lobpreisender Gemeinschaft verschafft, die durch kindlichen Glauben gedeiht.

Drittens: Fange an, deinen Glauben zu praktizieren. Behandle ihn nicht wie etwas, das man, in einem Kästchen verpackt, auf ein Regal stellen muß; gebrauche ihn! So will es Gott haben. Du wirst niemals wissen, wieviel Glauben du wirklich hast, bis du ihn ausprobierst! Erwarte nicht, daß andere für dich glauben.

Letztlich, und das ist vielleicht der wichtigste Punkt: Fange an, Gott in allen Dingen zu preisen! Verlaß dich nicht auf deine Gefühle. Tue es einfach, immer und immer wieder, weil das Wort Gottes es sagt. Preise Gott! Lobe ihn immer von neuem! So bekommst du auf der Lobpreisstraße Dauerwohnrecht.

5. Er antwortet immer

Vor nicht allzu langer Zeit kam ein Mann nach einer Versammlung zu mir und sagte: „Don, du sprichst immer davon, daß Gott deinen Lobpreis erhört. Nun sei mal ehrlich: Willst du wirklich sagen, daß jedes deiner Gebete so beantwortet wird, wie du es dir wünschst? Willst du mir etwa erzählen, daß ich Gott für irgend etwas Beliebiges preisen kann und er es mir dann gibt?" So stichelte der Mann.

„Das habe ich selbstverständlich nicht gesagt", gab ich zur Antwort. „Was ich gesagt *habe,* ist, daß Gott meine Gebete und mein Lob *stets erhört."*

Ich wartete einen Moment, um zu sehen, ob er verstand, was ich meinte.

„Was ist da der Unterschied?" fragte er schließlich.

„Nun", entgegnete ich, „es gibt eigentlich vier Antworten, die Gott seinen Kindern von der Lobpreisstraße geben kann. Leider mißverstehen die meisten jedoch einige dieser vier Antworten und legen sie so aus, als ob Gott taub sei. Laß dich nicht beschwindeln: Gott ist nicht taub!"

Der Mann schien Interesse an der Sache zu bekommen. Er überlegte einen Augenblick und fragte dann: „Welches sind denn die vier Antworten?"

„Die erste Antwort", erwiderte ich, „ist die, die von den meisten Christen erwartet wird. Es ist das schnelle, einfache »Ja«, das Gott manchmal gibt. Zum Beispiel sagt Gott *immer* »ja«, wenn wir ihn um Errettung oder Sündenvergebung bitten, immer, ohne jede Ausnahme. Wir wissen sogleich, daß Gott unser Gebet erhört hat, weil er die Antwort sozusagen »an der Haustür abliefert«."

„Nun ja, es ist leicht einzusehen, wie Gott in solchen Fällen auf unseren Lobpreis eingeht", sagte mein Freund, „aber wie sieht es sonst aus?"

„Dann kommt eine der anderen drei Antworten in Betracht", entgegnete ich. „Gott sagt nicht immer »ja«. Manchmal sagt er auch etwas anderes."

„Zum Beispiel?"

„Zum Beispiel »nein«. Gott kann auch manchmal »nein« sagen."

„Aha! Das meine ich doch", fiel mein Freund ein. „Siehst du, Gott hört nicht immer auf unsere Gebete!"

„Doch, das tut er", erwiderte ich. „Um auf jemandes Frage »nein« sagen zu können, muß man ja zuerst zuhören."

„Also gut, Gott *hört* mir *zu*. Was ist das aber für eine Antwort? Was mich angeht, könnte er genausogut *nicht* zuhören", entgegnete mein Freund ehrlich.

Ich wußte genau, wie ihm zumute war. Es gibt das gewisse enttäuschende Element in einer Antwort, die »nein« lautet, selbst wenn sie zu unserem Besten gegeben wurde. Trotzdem sollten wir dankbar sein und Gott bereitwillig preisen, wenn er »nein« sagt, denn dies ist ein Zeichen dafür, daß er uns lieb hat.

Ich führte unsere Unterhaltung mit den Worten fort: „Gut, laß mich dir ein Beispiel geben. Hast du kleine Kinder?"

„Ja, die habe ich", erwiderte er, „einen Sohn von drei Jahren, Michael, und eine Tochter von vier, Christina. Warum?"

„Angenommen", sagte ich, „entweder Michael oder Christina käme zu dir und bäten dich um einen Kanister voll Benzin; würdest du ihnen den geben?"

„Du liebe Zeit, nein!“ war seine Antwort.

„Warum nicht?“ fragte ich.

„Du weißt ganz genau“, erwiderte er, „warum ich ihnen so etwas nicht geben würde. Sie könnten sich damit umbringen!“

„Mit anderen Worten, du würdest ihnen nichts geben, was ihnen gefährlich werden könnte, weil du ein liebevoller Vater bist“, bemerkte ich. An seinem Blick konnte ich feststellen, daß dem Mann ein Licht aufging.

„Willst du damit sagen, daß Gott manchmal zu meinen Gebeten »nein« sagt, weil ich bei einigen Dingen, um die ich bitte, einfach nicht weiß, wie gefährlich sie für mich werden könnten?“ fragte er.

„Genau“, gab ich zur Antwort. „Laß uns nun annehmen, dein Sohn oder deine Tochter würden dein »Nein« nicht akzeptieren und immer weiter um das Benzin betteln. Würdest du es ihnen dann geben?“

„Natürlich nicht“, entgegnete mein Freund.

„Aus welchem Grund nicht?“ fragte ich.

„Nun, ich wäre doch kein fürsorglicher Vater, wenn ich gefährliche Dinge nicht von ihnen fernhalten würde. Also würde ich bei meinem »Nein« bleiben, ganz gleich, wie laut sie schreien würden“, sagte er.

Eine kurze Zeit war es still zwischen uns, während ich meinen Freund dies alles in Gedanken verarbeiten ließ. Aber plötzlich unterbrach er die Stille.

„Don“, sagte er, „willst du sagen, daß manche von uns Christen tatsächlich geistliche Wutanfälle bekommen, anstatt einfach Gottes Antwort zu akzeptieren?“

„So habe ich es zwar noch nie ausgedrückt gehört“, erwiderte ich, „aber der Vergleich ist nicht schlecht.“

Wir unterhielten uns noch ein wenig länger darüber, aber dann richtete sich mein Freund plötzlich kerzengerade auf, als wenn ihm soeben etwas Wichtiges eingefallen wäre.

„Don, du hattest von *vier* Antworten gesprochen, die Gott geben kann, wir haben aber erst zwei behandelt. Welches sind die beiden übrigen?"

„Laß uns noch einmal auf das Benzin zurückkommen", sagte ich. „Angenommen, dein Sohn wäre etwa 15 Jahre älter; wie würdest du dann auf seine Bitte um Benzin reagieren?"

„Nun, wenn er vernünftig wäre, würde ich es ihm wahrscheinlich geben", sagte er.

„Was ist denn der Unterschied zwischen der ersten und der zweiten Bitte?" frage ich.

„Das Alter", war seine Antwort.

„Mit anderen Worten: der Zeitpunkt", sagte ich.

„Genau."

„Siehst du", fuhr ich fort, „manchmal gibt Gott uns zur Antwort: »Warte«. Er hat seine Gründe dafür. Erstens kann es sein, daß wir geistig oder geistlich noch nicht reif genug sind für das, um was wir bitten. Oder aber Gott weiß, daß es einen besseren Zeitpunkt für die Gebetserhörung gibt."

„Das ist aber ziemlich entmutigend", meinte mein Freund.

„Das *scheint* nur so", sagte ich. „Denke daran, daß Gott weiß, was er tut. Ich habe es in einigen Fällen miterlebt, daß Gott eine Heilung um mehrere Tage verzögert hat, weil dadurch sein Reich gefördert wurde. Vor kurzem erst kam eine Frau, die geheilt werden wollte. Als das erstemal für sie gebetet wurde, geschah gar nichts. Beim zweitenmal aber war ihre ganze Familie dabei. Sie wurde augenblicklich geheilt, und ihre Familie bekehrte sich dadurch. Was, denkst du, wäre geschehen, wenn Gott *ihrem* Zeitplan entsprochen hätte, anstatt nach seiner eigenen Weisheit zu handeln?"

„Nun, vielleicht hätte sie noch lange warten müssen, bis ihre Angehörigen sich bekehrt hätten", sagte mein Freund.

„Das Schwierige an dieser Warterei ist aber, daß man gewöhnlich nicht weiß, *warum* Gott einen warten läßt."

„Ich bin froh, daß du das erwähnst", sagte ich. „Deshalb werden wir in 1. Thessalonicher 5, 18 aufgefordert, in allen Dingen Dank zu sagen. Siehst du, wenn wir Gott für alles preisen, was geschieht, erkennen wir ihn damit als den an, der das bessere Urteilsvermögen besitzt. Wir schenken ihm, unserem liebenden Vater, unser Vertrauen, weil er die besten Entscheidungen für uns trifft. Versäumen wir es jedoch, den Herrn für sein »Warte« zu loben, gleichen wir kleinen Kindern, die es nicht anerkennen wollen, daß ihre Eltern über ein besseres Urteilsvermögen verfügen als sie selbst, und die deshalb immer wieder Dinge verlangen, die, wie die Eltern wissen, gefährlich für sie sind."

Mein Freund schien verblüfft über die Tatsache, daß echter Lobpreis in Wirklichkeit eine absolute Unterwerfung unter den Willen Gottes bedeutet.

„Don", sagte er, „du hast mir aber noch nicht verraten, welches die letzte Antwort ist. Es scheint fast, als hätten wir schon alle Möglichkeiten angesprochen."

„Nun", erwiderte ich, „die wichtigsten Punkte haben wir zwar schon behandelt, da stimme ich dir zu. Es gibt aber noch eine weitere Antwort, die Gott uns so gerne gibt. Und das ist wahrscheinlich die Antwort, für die wir ihn am leichtesten preisen können."

„Ach, du meinst die Fälle, in denen Gott uns etwas *Besseres* gibt, als wir ursprünglich von ihm erbeten hatten?" fragte mein Freund.

„Genau", gab ich zur Antwort. „Das ist so, als ob du zu deinem Vater gehst und ihn um fünf Dollar bittest und er dir statt dessen zehn gibt. Bestimmt fängst du deswegen nicht mit ihm an zu streiten, sondern bist wahrscheinlich überglücklich. Genauso handelt Gott, unser liebender Vater, am allerliebsten."

Als mein Freund dann ging, war ich zuversichtlich, daß er von nun an den Herrn für jede Antwort auf seine Gebete preisen würde.

Ich wünsche es jedem Bewohner der Lobpreisstraße, daß auch er in gleicher Weise der Weisheit und Macht unseres himmlischen Vaters vertraut.

Sollte es in deinem Leben je einen Zeitpunkt geben, in dem du das Gefühl hast, Gott antworte nicht auf deine Gebete, dann schlage ich vor, daß du versuchen solltest, Gott als den zu sehen, der er in Wirklichkeit ist: ein liebevoller Vater, der nur das Beste für seine Kinder will. Versuche nicht, Gott auf eine bestimmte Handlungsweise festzunageln, und versuche auch nicht, ihm vorzuschreiben, wieviel Zeit er sich für eine Sache nehmen darf. Er weiß das selbst am allerbesten. Was er von uns verlangt, ist lediglich, daß wir ihn lieben und ihn preisen, weil er unser liebender Vater ist!

6. Rezept für Anfänger

Vor einiger Zeit kam ein Mann, den ich George nennen will, zu mir, um mich zu sprechen. „Bruder Gossett", sagte er, ich habe mehrere deiner Vorträge über den Lobpreis gehört. Ich glaube, was du sagst, aber ich weiß einfach nicht, *wie* man den Herrn preist. Ich habe ihn noch nie gepriesen, nur die Gemeindelieder mitgesungen."

Seine Frage schlug bei mir ein wie eine Bombe. Seit Jahren predigte ich nun schon über die Macht des Lobpreises; und doch hatte ich es versäumt, die Menschen zu lehren, wie man den Herrn preist.

„Gut", sagte ich, „laß uns sofort anfangen. Sprich mir nach: «Preis dem Herrn!«"

Ich glaube, George war ein wenig verdutzt über diesen Elementarunterricht; trotzdem wiederholte er, wenn auch noch etwas schüchtern: „Preis dem Herrn!"

„Das war schon sehr gut", ermutigte ich ihn, „versuche es noch einmal!" Einige Minuten lang wiederholten wir dieses mündliche Dankopfer für den Herrn, bis mein Freund sich ein wenig daran gewöhnt hatte.

„In Ordnung", sagte ich, „jetzt wollen wir dabei auch noch unsere Hände heben."

Ein schmerzlicher Zug glitt über Georges Gesicht. „Das ist ja wie bei den Pfingstlern!" platzte er heraus.

Ich versuchte, ihn darauf hinzuweisen, daß das Hochheben der Hände als Form der Anbetung durchaus biblisch sei und daß die Pfingstler Gott nur deshalb mit erhobenen

Händen preisen, weil in der Bibel steht: *„Ich will nun, daß die Männer an jedem Orte beten, indem sie heilige Hände aufheben, ohne Zorn und zweifelnde Überlegung“* (1. Timotheus 2, 8).

Ich hatte den Eindruck, daß es George lieber gewesen wäre, wenn ich diesen Vers nicht angeführt hätte; trotzdem ging er so weit darauf ein, daß er behutsam die Hände emporhob, während wir den Herrn lobten.

„Siehst du, hier haben wir eine Bibelstelle über den Lobpreis, die uns auffordert, in die Hände zu klatschen“, fuhr ich fort.

„In Psalm 47, 1 steht: »Ihr Völker alle, klatschet in die Hände!«“

George sah noch bekümmerter drein. „Don“, sagte er, „so etwas würde man mir in meiner Gemeinde *niemals* erlauben.“

„Na, dann tue es eben in deiner privaten Anbetungszeit“, ermunterte ich ihn. „Zuerst scheint es vielleicht ein bißchen peinlich zu sein, aber der Heilige Geist wird dir helfen. Mit der Zeit wird es dir immer leichter fallen.“

Ich bin nicht sicher, daß ich George überzeugen konnte, aber zumindest war er willig. Ich riet ihm, dies oft zu tun, wenn er allein wäre — besonders, weil er sich diese Freiheit ja in seiner Gemeinde nicht nehmen durfte. Ich glaube, daß ihm vor meinem nächsten Vorschlag schon fast bange war; dennoch wartete er ab, was kommen würde.

„Wußtest du schon“, fuhr ich fort, „daß die Bibel uns auffordert, vor Freude zu jauchzen? Tatsächlich ist Jauchzen eine der Formen des Lobpreises, die häufig in der Bibel erwähnt werden. Manche andere Formen können, wenn wir nicht aufpassen, leicht mechanisch werden, aber wenn man jauchzt, wird das selten zum bloßen Ritual!“

Daraufhin gab ich George Anweisungen, wie man dem Herrn zujauchzt.

Nachdem wir damit aufgehört hatten, sagte ich: „Das ist aber noch nicht alles. Es gibt noch andere Möglichkeiten, den Herrn zu preisen."

„Zum Beispiel?" fragte er.

Ich bin sicher, daß es George genauso ging wie mir selbst, als ich anfing, die verschiedenen Methoden des Lobpreises zu erforschen. Gott muß gewiß eine rege Phantasie haben, um sich so viele Möglichkeiten auszudenken, wie wir ihn loben können.

„Kannst du ein Musikinstrument spielen?" fragte ich.

Er lächelte, denn er wußte schon, was kam. „Ich bin leicht angerostet", meinte er, „aber seit meinen Hochschultagen spiele ich Trompete."

„Großartig! Wußtest du, daß in Psalm 150 steht, wir sollen den Herrn mit Trompeten, Lauten, Harfen, Tamburinen und Cymbeln loben? Einer meiner Freunde spielt zum Beispiel oft auf seinem Tamburin für den Herrn. Und ich bin sicher, daß der Herr auch an allen anderen Musikinstrumenten Freude hat."

Ich glaube, George war ziemlich verblüfft zu erfahren, daß der Herr offensichtlich großes Interesse und Vergnügen an Musik hat. Es stellte sich heraus, daß *sein* Interesse an Musik viel tiefer ging, als er zuerst verraten hatte.

Während wir mit unserer Unterhaltung fortfuhren, konnte ich spüren, daß Georges Interesse an einem Leben im Lobpreis zunahm.

„George, *wieviel* liegt dir eigentlich wirklich daran, den Herrn zu preisen?" fragte ich endlich.

„Nun, auf jeden Fall so viel, daß ich hierher gekommen bin, um mit dir zu reden — wenn dir das als Antwort genügt."

„George, hast du schon etwas von der Taufe im Heiligen Geist gehört?"

„Von was?"

Seine Antwort war typisch. Offensichtlich war ihm der Ausdruck nicht geläufig.

„Weißt du", fuhr ich fort, „der Herr sagt in Johannes 1,33: »*Auf welchen du sehen wirst den Geist herniederfahren und auf ihm bleiben, dieser ist es, der mit Heiligem Geiste tauft.*« Gott sprach hier natürlich von Jesus. Und im ersten und zweiten Kapitel der Apostelgeschichte finden wir den Bericht, wie die Jünger am Pfingsttag mit dem Heiligen Geist getauft wurden."

„Entschuldige die Unterbrechung", fiel George ein, „aber was hat das mit Lobpreis zu tun?"

„Nun", erklärte ich, „eine der wichtigsten Auswirkungen der Geistestaufe ist die, daß wir dadurch den Herrn effektiver preisen können."

George sah gequält aus. „Du meinst doch nicht etwa Zungenreden?" fragte er.

„Das gehört zwar dazu", entgegnete ich, „aber es ist nicht alles. Das Beten in Zungen macht es uns ohne Zweifel möglich, im Lobpreis fortzuschreiten, aber in Epheser 5, 18—20 scheint noch viel mehr über diese Sache zu stehen. Lies die Verse einmal nach, wenn du zu Hause bist. Sie laufen darauf hinaus, daß ein geisterfülltes Leben eine Freude mit sich bringt, die es praktisch unmöglich macht, den Herrn *nicht* zu preisen."

Ein langes Schweigen folgte, während George unruhig auf seinem Platz hin- und herrutschte. Schließlich räusperte er sich, um zu sprechen. „Angenommen, man hat den Wunsch, im Heiligen Geist getauft zu werden", sagte er, „wie fängt man das an?"

„In vielen Fällen", erwiderte ich, „werden einem dazu die Hände aufgelegt. Das ist aber nicht immer notwendig. Weil Jesus der Täufer im Heiligen Geist ist und weil er nicht auf Menschen angewiesen ist, bekommen viele Leute die Geistestaufe, ohne daß jemand sie auch nur berührt. So geschah es Cornelius und seiner Familie in Apostelgeschichte 10. Wichtig ist, daß man den Heiligen Geist in kindlichem Glauben empfängt."

Ganz plötzlich erhob sich George, dankte mir für die Zeit, die ich für ihn geopfert hatte und entschuldigte sich. Als ich wieder allein war, kam in mir die Frage auf, ob ich ihn vielleicht gekränkt hatte.

Aber später begegnete mir George auf der Straße. Sofort merkte ich, daß er sich irgendwie verändert hatte. Und ehe er noch die Möglichkeit hatte, mir davon zu erzählen, wußte ich, daß er die Geistestaufe erlebt hatte. Oh, welche Freude, welcher Lobpreis sprudelte aus ihm heraus, während er mir von seiner neuen Erfahrung mit dem Heiligen Geist berichtete!

Ich bewunderte George. Er hatte es fertiggebracht, den natürlichen Stolz zu überwinden, mit dem die meisten von uns Erwachsenen belastet sind. Ich glaube, daß Jesus von diesem Stolz sprach, als er sagte, wir müßten wie Kinder werden, um in das Himmelreich zu gelangen.

Kleine Kinder haben anscheinend nie Hemmungen, wenn es darum geht, die Hände zu heben, zu jauchzen, zu singen oder für den Herrn Musik zu machen. Sie machen sich keine Gedanken darüber, wie sie für andere aussehen oder sich anhören. Erst wenn Kinder heranwachsen, werden sie stolz.

Vor einigen Jahren, unmittelbar vor dem Palmsonntag, erlebte ich auf der Insel Barbados etwas, was ich als schönstes Schauspiel von Massendemut bezeichnen möchte, dem ich je begegnet bin — und das in wahren Lobpreis mündete.

Bevor ich dorthin gereist war, hatte ich an Holmes Williams, den Leiter des „Evangel Temple"; geschrieben und ihm vorgeschlagen, wir sollten einen „Siegesmarsch" durch die Stadt machen. Dieser Marsch führte zu einer der herrlichsten Offenbarungen von Gottes Macht und Segen, die ich je erlebt habe.

Als ich ankam, hatten die Leute Fahnen vorbereitet, die Aufschriften trugen wie: „Alle himmlischen Segnungen sind mein“, „Ich freue mich, daß ich Christus erwählt habe“, und viele andere.

Wir marschierten einige Kilometer bergauf, bergab. Tausende kamen aus ihren Häusern und Läden hervor, um das „Schauspiel“ zu beobachten, daß mehrere hundert Christen einen Umzug machten, sangen und von der Liebe und Gnade ihres Heilandes Zeugnis ablegten.

Holmes Williams, der früher ein bekannter Bankier der „Canadian Imperial Bank of Commerce“ gewesen war, führte den Zug an, während ich die meiste Zeit in seinem mit zwei Lautsprechern ausgestatteten Wagen zubrachte, von wo aus ich die Leute zu unserer Evangelisation einlud. Ich stellte Fragen wie: „Bist du glücklich?“, „Hast du Frieden in deinem Herzen?“, um anschließend zu versichern: „Christus ist die Antwort!“

Als wir auf dem Rückweg zur Gemeinde waren, leitete ich die Leute im fröhlichen Lobpreis dem Herrn Jesus Christus gegenüber.

„Jeder glückliche Christ sage »Halleluja«“ rief ich.

Als Antwort erscholl ein lautes, einstimmiges „Halleluja!“

„Preis dem Herrn!“ rief ich.

„Preis dem Herrn!“ kam das Echo.

Wieder und wieder sangen wir: „Ehre sei Gott! Sieg in Jesus!“

Es war einfach wunderbar.

Auf halber Strecke kam Holmes zum Wagen gerannt. „Don“, sagte er, „das ist großartig! Laß sie den Herrn weiter preisen!“

Das tat ich. Während sie marschierten, jubelten die vielen

Hunderte dem Herrn zu. An der Spitze des Zuges ging Holmes und ermunterte die Leute, die aus ihren Häusern hervorgekommen waren um zu sehen, was da vorging, sie sollten mit uns den Herrn preisen. „Lobt den Herrn!" rief er ihnen zu. Eine erstaunliche Anzahl Leute leistete seinem Aufruf Folge und brachte gemeinsam mit uns Gott ein Lobopfer dar.

Während wir fortfuhren, auf diese Weise den Herrn zu loben, durchflutete die Herrlichkeit Gottes unsere Seelen. Die Leute, die schon mehrere ermüdende Kilometer bergauf, bergab hinter sich hatten, fühlten sich plötzlich neu belebt. Anstatt sich dahinzuschleppen, marschierten sie mit erhobenen Händen — ja, viele hüpften förmlich vor Freude. Je mehr wir Gott priesen, desto deutlicher offenbarte sich seine Gegenwart. Es war wie ein gewaltiger Platzregen von reiner Herrlichkeit, der unsere Seelen labte — ein Regen, der die Luft reinigte und eine großartige Evangelisation zur Folge hatte.

Für einige mag es sich so anhören, als habe es sich bei dieser Szene um eine Zurschaustellung von Gefühlen gehandelt; andere mögen die ganze Sache als Fanatismus brandmarken. Aber für uns, die wir daran teilnahmen, war es ein Stück „Himmel auf Erden".

Unser Triumphzug durch eines der dichtbesiedeltsten Gebiete von Barbados erinnerte mich an jenen ersten Palmsonntag, als die Leute „... *Palmzweige nahmen und hinausgingen, ihm* (Jesus) *entgegen, und schrien: Hosanna! Gepriesen sei, der da kommt im Namen des Herrn, der König Israels*" (Johannes 12, 13). Ich mußte auch daran denken, wie „... *die ganze Menge der Jünger anfing, mit lauter Stimme freudig Gott zu loben über alle die Wunderwerke, die sie gesehen hatten*" (Lukas 19, 37).

Ich kann mir vorstellen, daß die Pharisäer dort in Jerusalem, stolz, wie sie nun einmal waren, nicht übermäßig erfreut waren über diesen offenbaren „Fanatismus". Es wird uns nämlich berichtet, daß sie sich an Jesus wandten und ihn aufforderten, er solle dem Treiben Einhalt gebieten. „Lehrer, verweise es deinen Jüngern", sagten sie.

Heute wie damals begegnen uns allzuoft stolze — oftmals sogar religiöse — Leute, die gegen den Lobpreis sind. Wenn sie das Sagen hätten, würden sie uns dafür, daß wir unseren herrlichen Herrn Jesus Christus loben, einen scharfen Verweis erteilen.

Also, erwarte auf der Lobpreisstraße keine stolzen Nachbarn! Stolze Menschen preisen Gott nicht. Wahrer Lobpreis gedeiht nur im fruchtbaren Boden der Demut. Der Christ, der erkennt, daß er einzig und allein durch die Gnade und Güte Gottes gerettet worden ist, wird auch den Wunsch haben, Jesus für seine herrliche Errettung zu loben.

Menschen, die sich selbst vor Gott zu rechtfertigen suchen, indem sie den Prunk und das Gepränge, die in manchem religiösen Zeremoniell zu finden sind, dem kindlichen Vertrauen zu Jesus vorziehen, sind nur selten in der Lage, den Stolz zu überwinden, der sie davon abhält, den Herrn zu preisen. Mir hat die Reaktion Jesu auf den Tadel der Pharisäer immer Freude gemacht. Er entgegnete nämlich: *„Ich sage euch, wenn diese schweigen, so werden die Steine schreien"* (Lukas 19, 40).

In Wirklichkeit wollte er damit sagen: „Wenn euch der Stolz im Wege ist und euch abhält, mir Lob darzubringen, gehe ich eben woanders hin, um es zu suchen. Die Steine an der Straße werden mein Lob freudig verkünden." Von Gott abgewiesen zu werden, ist, gelinde gesagt, sehr gefährlich. Ich bin überzeugt, eine der einfachsten Möglichkeiten, uns Gottes Zorn zuzuziehen, besteht darin, daß wir uns weigern, ihn zu preisen. Und ich bin auch überzeugt, daß die meisten Leute sich nur aus Stolz dagegen weigern. Unter der Inspiration des Heiligen Geistes schrieb Jakobus: „Gott widersteht den Hochmütigen, den Demütigen aber gibt er Gnade“ (Jakobus 4, 6).

Demut definiere ich gern als völlige Abhängigkeit von Gott. Wenn man einen solchen Geist der Abhängigkeit hat und der Güte Gottes vertraut, kann man gar nicht anders, als den Herrn *in* allem und *für* alles zu preisen!

Hier möchte ich aber ein warnendes Wort hinzufügen. Viele Leute, die die Barriere ihres Stolzes überwunden haben und anfangen, den Herrn zu preisen, scheinen den Eindruck zu haben, sie würden damit Gott einen Gefallen tun. Hüte dich vor dieser Haltung! Hier tritt wieder der Stolz zutage, lediglich in einer anderen Form.

Wenn du das tust, was von dir erwartet wird, ist es nicht das gleiche, als wenn du jemandem einen Gefallen erweist. Der Feuerwehrmann löscht in deinem Haus ein Feuer, und du bist ihm dafür dankbar. Dennoch kämest du nie auf den Gedanken zu sagen, er hätte dir einen Gefallen tun wollen. Nein, es war einfach seine Pflicht. Es war das, was man von ihm erwartete.

Genau dasselbe trifft auf Gottes Volk zu. Im Hebräerbrief werden wir ermahnt: *„Durch ihn nun laßt uns Gott stets ein Opfer des Lobes darbringen, das ist die Frucht der Lippen, die seinen Namen segnen“* (Hebräer 13, 15).

Dies ist unsere Pflicht Gott gegenüber; es ist das, was Gott von uns erwartet. Trotzdem — wie im Fall des Feuerwehrmannes — bedeutet das nicht, daß Gott unsere Liebe und unseren Lobpreis etwa nicht schätzt.

Durch alles hier Gesagte wollen wir darauf hinweisen, daß die Lobpreisstraße keine exklusive Wohngegend ist und auch nie als solche gedacht war. Nein, Gottes Absicht ist es, daß wir alle dort wohnen. Ich hoffe ernstlich, daß der Stolz dich nicht davon zurückhält, an den Platz zu ziehen, den Gott für dich vorgesehen hat.

7. Holzscheite für den Kamin

Hast du schon einmal zugesehen, wie ein Holzklotz im Kamin zu einem Aschehäufchen niederbrannte? Zuerst waren die Flammen heiß und verzehrend, aber je länger das Holz brannte, desto zahmer wurden sie, bis sie schließlich ganz erloschen. Am Ende blieb nichts als Asche übrig.

Zu viele ehemalige Bewohner der Lobpreisstraße haben das Feuer ihres Lobpreises ausgehen lassen. Anfänglich hatten sie zwar große Freude an einem Leben im Lobpreis. Sie brannten lichterloh mit der Herrlichkeit Gottes. Mit der Zeit aber fing das Feuer an zu verlöschen. Das fröhliche Lob, das einmal in ihrem Herzen brannte, verwandelte sich allmählich in ein Häufchen grauer Asche.

Was sollte der Mensch denn tun, der merkt, daß das Lobpreisfeuer in ihm am Erlöschen ist? Wie wär's, wenn du in einem solchen Fall für Nachschub an Brennmaterial sorgen würdest?

Um einer derartigen geistlichen „Energiekrise" abzuhelfen, möchte ich elf „Holzscheite" anführen, die mir auf besondere Weise geholfen haben, das Feuer des Lobpreises in meiner Seele am Brennen zu halten. Wenn du einmal das Gefühl hast, daß das Feuer in deiner Seele niederbrennen will, dann versuche, auf diesen Stapel geistlichen „Klafterholzes" zurückzugreifen; mache einen neuen Anfang in deinem Leben des Lobpreises. Sowohl du selbst als auch die kalte Welt um dich her werden die Änderung sofort bemerken.

Holzscheit Nr. 1

Wenn du Holz für ein Feuer aufschichtest, ist es wichtig, daß unten ganz dünne Scheite liegen, Anmachholz genannt. Dieses Holz gibt dem Feuer einen besonderen Auftrieb, so daß du anschließend auch größere Holzstücke verbrennen kannst. Probiere doch dieses kleine Stück geistliches Anmachholz einmal in dem Kamin deines Herzens aus! Nimm den folgenden Abschnitt und laß ihn zu deinem Herzen reden. Wie denn? Indem du ihn liest und *glaubst.*

Hier also das Anmachholz: Jesus sagt: „... *Ich bin gekommen, auf daß sie Leben haben und es in Überfluß haben*" (Johannes 10, 10). Uns allen fällt es manchmal schwer, dies zu glauben, weil wir fortwährend versucht sind, auf die Umstände zu sehen: auf unsere Rechnungen, unser abnehmendes Bankkonto, die ständig steigenden Kosten überall. Je mehr du über diese deprimierenden Umstände nachdenkst, desto leichter geht das Feuer des Lobpreises aus, und bald wirst du, geistlich gesprochen, frieren. Was ist da zu machen? Beeile dich, das Feuer wieder neu anzufachen! Denke über das Leben im Überfluß nach, das dir in Jesus geschenkt ist. Du brauchst dich nicht mit dem zu beschäftigen, was du *nicht hast;* beschäftige dich vielmehr mit dem, was du *hast.* Du kannst Gott für das überfließende Leben in Jesus danken. Hat er nicht gesagt, er sei gekommen, um dir ein Leben im Überfluß zu geben? Bist du nicht von neuem geboren worden? Hat Gott dir nicht kostenlos das ewige Leben geschenkt? Indem du über Johannes 10, 10 nachdenkst, brennst du gutes Anmachholz, das dir hilft, das Feuer des Lobpreises wieder neu auflodern zu lassen.

Holzscheit Nr. 2

Hier ein schönes dickes Stück Holz, das in deinem Lobpreis-Kamin gut brennen wird: *„Denn so sehr hat Gott die Welt geliebt, daß er seinen eingeborenen Sohn gab, auf daß jeder, der an ihn glaubt, nicht verloren gehe, sondern ewiges Leben habe“* (Joahnnes 3, 16).

Dieses Holzscheit ist besonders nützlich, wenn du vielleicht einmal versucht bist, dir ungeliebt und unerwünscht vorzukommen. Setze dich einfach hin und denke darüber nach, wie sehr *Gott* dich liebt; damit „verbrennst“ du das Holzstück Johannes 3, 16. Vielleicht wäre es auch ein guter Gedanke, deinen Namen dort einzusetzen, wo „die Welt“ steht.

Sage es doch einmal laut vor dich hin: „So sehr hat Gott Jim — Mary — Joe — Alonzo (oder wie du auch immer heißen magst) geliebt.“ Stell dir das vor: *Gott,* der Schöpfer des Universums, liebt *mich!* Er *liebt* mich! Er kümmert sich um mich! Er will mich haben! Ich garantiere dir, daß du bald so begeistert bist von der Liebe Gottes, daß du am liebsten die Fensterläden deines Hauses auf der Lobpreisstraße aufstoßen und es jedem zurufen würdest: „Welch ein Wunder! Gott liebt mich!“

Holzscheit Nr. 3

Eines der sichersten Anzeichen dafür, daß das Feuer deines Lobpreises weitgehend niedergebrannt ist, ist die Tendenz zu sorgen. Die meisten von uns sind anfällig für diese Art Versuchung, wenn wir anfangen, über die Zukunft nachzudenken. Und wenn man es recht betrachtet, gibt es ja *wirklich* vieles am Horizont, über das man sich Sorgen machen könnte! Die Miete, die nächsten Monat fällig ist, die künstlichen Zähne, die nächstes Jahr an der Reihe sind, die Pensionierung oder auch die steigenden Beerdigungskosten! Du kannst dir Sorgen machen, bis du geistlich kalt bist, wenn du es nicht lernst, deine Sorgen auf Jesus zu werfen.

Hier ein Holzscheit, das in solchen Versuchungszeiten eine Hilfe sein kann: „*Fürchte dich nicht, denn ich bin mit dir; schaue nicht ängstlich umher, denn ich bin dein Gott; ich stärke dich, ja, ich helfe dir, ja, ich stütze dich mit der Rechten meiner Gerechtigkeit*" (Jes. 41, 10).

Wenn es diesem Vers nicht gelingt, daß du mit Sorgen aufhörst und anfängst, den Herrn zu preisen, weiß ich nicht, was sonst helfen könnte. Was gibt es denn zu sorgen, wenn Gottes rechte Hand dich stützt?

Holzscheit Nr. 4

Es ist eines der weniger schönen Erlebnisse am offenen Feuer, wenn jemand unabsichtlich nasses Holz auflegt. In kürzester Zeit bildet sich eine Rauchwolke, die einen fast ersticken läßt — wenn das Feuer überhaupt am Brennen bleibt. Christen auf der Lobpreisstraße können, wenn sie nicht aufpassen, leicht in solch eine Situation hineingeraten. Falsches Brennmaterial bringt das Feuer des Lobpreises zum Erlöschen. Woher weiß man denn, daß das Brennmaterial, das man verwendet, gut ist? Indem man darauf achtet, *schriftgemäße* Holzstücke zu nehmen.

Das Leben im Lobpreis sollte gänzlich auf Jesu Verheißung gegründet sein, daß „*... die Schrift nicht aufgelöst werden kann*" (Johannes 10, 35). Hast du Gott schon einmal für die Schrift gepriesen? Es ist nicht Gottes Plan, daß wir uns selbst überlassen bleiben und uns, so gut es geht, durchs Leben wursteln sollen, ohne eine Richtschnur zu haben; freust du dich nicht darüber? Wenn wir Führung irgendwelcher Art brauchen, laufen allzuviele von uns zu den Nachbarn, um sich dort Rat zu holen, anstatt Gottes Wort zu konsultieren. Nimm deine Bibel zur Hand, drücke sie an dein Herz und sag' einmal: „Danke, Jesus, für dieses kostbare Buch! Ich danke dir dafür! Die Schrift wird *niemals* aufgelöst! Danke, Vater!"

Holzscheit Nr. 5

Solltest du einmal versucht sein, etwas an anderen Gläubigen auszusetzen zu haben, mußt du schnellstens folgendes Holzstück im Kamin nachlegen: *„... ihr seid alle eins in Christus Jesus"* (Gal. 3, 28). Denke darüber nach! Laß es in dir brennen. Derselbe Heilige Geist, der in dir wohnt, wohnt auch in deinen Glaubensgeschwistern. Wir sind ein einziger lebendiger Organismus — durch denselben Heiligen Geist angetrieben, geleitet und bewegt. Wir gehören zueinander, und wir brauchen uns gegenseitig. Zugegeben, wir haben unsere Fehler und Schwächen. Manche von uns sind nur schwer zu lieben. Aber die, die unsere Liebe am wenigsten verdienen, brauchen sie am meisten. Fange also an, dem Herrn für deine Brüder und Schwestern auf der Lobpreisstraße zu danken, und vergib ihnen ihre Fehler, wie Gott dir die deinen vergibt. Die Liebe läßt das Feuer des Lobpreises hell auflodern.

Holzscheit Nr. 6

Fast täglich, wenn du über die Lobpreisstraße hinwegschaust, stellst du fest, daß die Welt sich in einem Zustand ständigen Aufruhrs befindet. Von allen Seiten erreichen uns schlechte Nachrichten. In den 11-Uhr-Nachrichten erfährst du, daß heute 100 Beschäftigte einer Fabrik in deinem Ort entlassen wurden. Am Radio hörst du, daß Frau Jones gestern abend auf der Promenade vergewaltigt wurde. In der Zeitung liest du, daß man ein paar Jugendliche des benachbarten Wohnblocks erwischt hat, die im Hinterhof Marihuana angepflanzt hatten. Das reicht doch wirklich, um *jedes* Lobpreisfeuer zum „Spucken" zu bringen. Aber hier ist ein Stück Holz, das gut brennt, auch wenn dich solche niederschmetternden Nachrichten erreichen: „*... der Friede Gottes, der allen Verstand übersteigt, wird eure Herzen und euren Sinn bewahren in Christus Jesus*" (Philipper 4, 7). Tauche deinen Geist tief in diesen Vers hinein. Sinne darüber nach. Nimm ihn für dich in Anspruch. Ganz gleich, was „dort draußen" vorgeht, der Friede Gottes bewahrt dein Herz und deinen Sinn. Brennt das Feuer dadurch nicht besser?

Holzscheit Nr. 7

„*... ich bin der Herr, der dich heilt*" (2. Mose 15, 26). Ist das kein gutes Stück Holz? Wie wichtig ist es in dieser Zeit der Kopfschmerzen und Herzinfarkte, daß man durch die ganze Invasion von Krankheit und Leiden hindurch eine Bahn des Lobpreises bricht! Nirgends gibt es gesündere Leute als auf der Lobpreisstraße; denn Gott löst Heilung und Gesundheit da aus, wo Menschen ihn loben.

Was aber, wenn dich doch eine Grippe befällt? Versinke dann nur nicht in Niedergeschlagenheit oder Verzweiflung. Gott sitzt dennoch auf dem Thron! Unser himmlischer Vater ist „der Herr, der dich heilt". Sage dir diesen Vers immer wieder vor und laß ihn in dein Bewußtsein eindringen. Lobe Gott auch in der Anfechtung. Der Lobpreis setzt die Heilungskraft Gottes frei.

Holzscheit Nr. 8

„... wie deine Tage, so deine Kraft“ (5. Mose 33, 25). Dies ist ein gutes Stück Brennholz, wenn du meinst, das sei „mal wieder so ein Tag“. Wie manches Mal stehen wir doch morgens auf und stellen fest, daß der Wagen nicht anspringen will, daß das Baby krank ist oder die Katze den Goldfisch gefressen hat. Dann ertappen wir uns oft dabei, daß wir sagen: „Oh, oh, das wird mal wieder so ein Tag!“ Und so ist es dann auch meistens.

Du sollst wissen, daß du wegen ungünstiger Umstände nicht deprimiert zu sein brauchst. Wenn du Gott preist, mißt er dir die Kraft zu, die du brauchst, um dem jeweiligen Tag begegnen zu können. Wenn du schwere Prüfungen zu erdulden hast, will Gott dir einen entsprechend großen Vorrat an Kraft senden. Deshalb, preise den Herrn! Ganz gleich, was heute für ein Tag ist, der Herr verheißt dir seine Kraftfülle. Was du zu tun hast, ist lediglich, seinem Wort zu glauben und ihn dafür zu preisen.

Holzscheit Nr. 9

Du solltest Gott oft für das Wunder preisen, daß du *lebst*. In Psalm 150, 6 steht die Anweisung: *„Alles was Odem hat lobe den Herrn!“* Lobe ihn zuallererst *für* deinen Atem. Du lebst! Jeden Tag pumpen deine Lungen in aller Treue Luft in deinen Organismus, ohne daß du dich im geringsten darum zu kümmern brauchst. Atme gerade jetzt einmal tief ein und preise den Herrn für zwei gute Lungen!

Es mag auch eine gute Übung sein, deine Hand einmal auf dein Herz zu legen, für wenige Augenblicke die Augen zu schließen und auf das rhythmische Bum-bum dieses wunderbaren Organs zu hören, das unermüdlich das Blut durch deinen Körper pumpt — Stunde um Stunde, Tag für Tag, Jahr für Jahr. Das Leben ist ein sehr kostbarer Besitz. Es ist Gottes Gabe an uns, und wir sollen ihn dafür preisen. Sieh das Leben nie als etwas Selbstverständliches an!

Holzscheit Nr. 10

„Gott ist unsere Zuflucht und Stärke, eine Hilfe, leicht zu finden in Drangsalen" (Psalm 46, 1). Dies ist ein Stück Holz, das deine Seele auch an den kältesten, finstersten Tagen erwärmen wird!

Nehmen wir zum Beispiel an, du bist an einem regnerischen Abend auf der Fahrt von der Arbeit nach Hause. Plötzlich verlierst du die Kontrolle über dein nagelneues Auto und fährst auf den Wagen vor dir auf. Oder es trifft eines Abends ein Telegramm mit der Nachricht ein, deine Mutter sei gestorben. Oder deine minderjährige Tochter, die du im christlichen Glauben erzogen hast, fügt dir durch ihre Heirat mit einem Ungläubigen schweres Herzeleid zu.

Die meisten von uns begegnen auf ihrem Lebensweg irgendwelchen Krisensituationen. Aber diese brauchen uns nicht niederzuwerfen, wenn wir uns nur darauf besinnen, daß Gott eine leicht zu findende Hilfe in unseren Schwierigkeiten ist. Er ist nicht weit weg, wenn es auch so aussehen mag. Er ist *leicht* zu finden. Er liebt es, sich in Notzeiten zu offenbaren. Wage es also, Gott für diese Zusage zu preisen, auch in Unglückszeiten. Gott kann die finsterste Nacht in goldene Morgenröte verwandeln, wenn wir ihn preisen.

Holzscheit Nr. 11

Angenommen, du besäßest einen Kamin und jemand böte dir einen lebenslangen Vorrat an Klafterholz an — in kleinen Mengen, wie und wann du das Holz gerade brauchtest. Wärest du nicht dankbar dafür? Ich glaube doch.

Nun, Gott hat etwas noch viel Besseres für alle Bewohner der Lobpreisstraße bereit. In Epheser 1, 3 heißt es, daß „*Gott ... uns gesegnet hat mit jeder geistlichen Segnung in den himmlischen Örtern in Christo*". Für mich bedeutet das soviel, daß Gott uns genug „Holz" für unser Lobpreisfeuer verheißen hat, damit es von nun an bis zu unserem Eingehen in die Herrlichkeit brennen kann! Beachte, daß Gott nicht gesagt hat: „Ich habe dich mit der Hälfte der Segnungen gesegnet", oder: „Ich habe dich mit den meisten Segnungen gesegnet." Nein, er hat gesagt: „... mit *jeder* geistlichen Segnung." Ist das nicht wunderbar? Läßt es nicht den Wunsch in dir aufkommen, ihn zu preisen?

In diesem Kapitel habe ich dir elf Stücke Holz für das Lobpreisfeuer vorgestellt. Darüber hinaus ist aber jede Verheißung in Gottes Wort ein gutes Scheit, das auch gut „brennt", wenn du einfach darüber nachsinnst und dich an seiner warmen Glut erfreust. Sollte es dir also einmal kalt werden, dann greife zu deiner Bibel und suche dir ein neues Stück Holz. Es ist genug Brennholz vorhanden, um uns allen reichlich Wärme im Heiligen Geist zu verschaffen.

8. Was für eine Bedeutung hat ein Name?

Ich werde nie die Zeit vergessen, in der unsere Nachbarschaft von einem gemeinen Herumtreiber heimgesucht wurde. Trotz intensiver Verfolgung durch die Polizei brach dieser Mann Abend für Abend in die Wohnung irgendeiner ahnungslosen Frau ein, und oft endeten seine Überfälle mit einer Tragödie wie Vergewaltigung oder Verletzung.

Da ich seit vielen Jahren als reisender Evangelist tätig bin, bin ich oft gezwungen, meine Frau zu Hause zurückzulassen. So war sie auch eines Abends allein, während dieser Mann sich noch in Freiheit befand.

An jenem Abend hatte meine Frau mit unseren fünf Kindern die Andacht gehalten und sie zu Bett gebracht. Sie war soeben im Begriff, durchs Haus zu gehen und alle Türen abzuschließen, als sie plötzlich gewahr wurde, daß ein Mann ins Haus trat.

Sie erstarrte. Sie erzählte mir später, daß sie geschrien hätte, wenn sie dazu in der Lage gewesen wäre, aber sie war so entsetzt, daß sie keinen Laut hervorbrachte. Wir hatten sowieso keinerlei Nachbarn.

Während sie so dastand, von Furcht gelähmt, kam plötzlich der Heilige Geist auf sie, und sie hörte sich selbst sagen: „Im Namen Jesu Christi schelte ich dich. Ich befehle dir, sofort dieses Haus zu verlassen; geh fort und laß mich in Ruhe!"

Plötzlich, wie von einer unsichtbaren Macht gepackt,

blieb der Mann stehen, drehte sich um und floh aus der Haustür.

Ich kann es nicht mit Worten beschreiben, mit welcher Freude wir den Herrn für die Kraft seines Namens priesen, als ich wieder zu Hause war! Seit vielen Jahren war es zwar schon unsere Gewohnheit, den Namen des Herrn zu loben gemäß der Anweisung in Psalm 148, 13, aber irgendwie hatten wir bis zu jenem Abend die ehrfurchtgebietende Macht und Autorität, die im Namen Jesu liegt, noch gar nicht richtig erkannt.

Ich pflegte mir immer darüber Gedanken zu machen, wie ein bloßer *Name* Macht haben könne. In unserer heutigen Zeit, so dachte ich, haben *Menschen* Macht, *Maschinen* haben Macht und auch *Sprengstoffe* — aber *Namen?* Als ich eines Abends wieder darüber nachdachte, schenkte der Herr mir die Antwort.

Stell' dir einmal vor, du fährst die Straße entlang und übersiehst ein Stopschild oder eine rote Ampel. Du bist noch kaum ein paar Meter weitergefahren, da hörst du hinter dir schon eine Sirene heulen; ein schneller Blick in den Rückspiegel zeigt dir, daß ein Polizist hinter dir her ist. Beinahe automatisch fährtst du an den Straßenrand und hältst an.

Dieser Polizist ist ein Mann so wie du. Warum solltest du also anhalten müssen, wenn er seine Sirene betätigt (abgesehen davon, daß er vielleicht ein Gewehr bei sich hat!)? Nun, der Grund liegt auf der Hand. Dieser Mann repräsentiert eine Autorität, die viel größer ist als er selbst. Ohne seine Uniform und seine Abzeichen hätte er keinerlei Macht, dich zum Anhalten zu bringen. Wenn er aber in Uniform ist, trägt er damit die ehrfurchtgebietende Gewalt einer höheren Macht zur Schau — einer Macht, die Gesetze verabschieden und Strafen verhängen kann, wenn diese Gesetze übertreten werden.

Mein Freund, ist es dir klar, daß der allmächtige Gott seinen Kindern eine Uniform gegeben hat, die seine Autorität verkörpert? Ist es dir klar, daß du die höchste Macht des gesamten Weltalls repräsentierst? Weißt du, daß dir im wunderbaren Namen Jesu einfach alles untertan sein muß? Wie sagte es Jesus doch: *„Wahrlich, ich sage euch: Was irgend ihr auf der Erde binden werdet, wird im Himmel gebunden sein; und was irgend ihr auf der Erde lösen werdet, wird im Himmel gelöst sein“* (Matthäus 18, 18). Veranlaßt das Bewußtsein, daß Gott dir Handlungsvollmacht in seinem Namen gegeben hat, dich nicht dazu, ihn zu preisen? Bist du nicht dankbar, daß Gott dir solche Autorität verliehen hat?

Mir gefällt immer die Reaktion der 70 Jünger Jesu, als sie feststellten, daß sie diese Autorität besaßen. In Lukas 10, 17 heißt es: *„Die Siebenzig aber kehrten mit Freuden zurück und sprachen: Herr, auch die Dämonen sind uns untertan in deinem Namen.“*

Es tröstet mich sehr, daß die Jünger voller Freude über die Macht des Namens Jesu waren, *nachdem* sie tatsächlich gesehen hatten, was er vollbringen konnte.

Wenn du ein gläubiger Christ bist und es dir noch nicht klar geworden ist, warum du den Namen Jesu preisen solltest, liegt das vielleicht daran, daß du noch nicht viel in der Autorität seines Namens getan hast.

Warum fängst du nicht gerade jetzt damit an, dich zu freuen und Gott für die Tatsache zu danken, daß er dich mit seinem Namen betrauen will? Bist du dir über die Verantwortung im klaren, die diese Ehre mit sich bringt? Lieber Freund, es ist nicht nur ein Vorrecht, den Namen Jesu zu gebrauchen, es ist auch eine Pflicht. Wenn ein Christ es versäumt, den Namen Jesu zur Heilung und Befreiung zu gebrauchen, ist das so, als wenn ein Polizist im Dienst schläft!

Wenn Gott dir seine Vollmacht verliehen hat, meinst du

nicht, daß er dich zur Verantwortung ziehen wird, wenn du es unterläßt, anderen in dem mächtigen Namen Jesu zu dienen? Sooft wie möglich mußt du dich aufmachen und in seinem Namen Dienst tun.

In einer Abendversammlung sagte mir jemand, er könne den Grund nicht einsehen, warum wir alle Gebete im Namen Jesu vorbringen sollten. „Wird das nicht zu einer recht mechanischen Sache?" fragte er.

Oh, wie leid tat es mir um diesen Mann! Freund, es ist doch wirklich ein Vorrecht, im Namen Jesu beten zu dürfen! Es sollte niemals zu einer mechanischen Redewendung werden.

Eine der besten Begründungen, warum wir im Namen Jesu beten sollen, war für mich der folgende nette Vergleich: Angenommen, du bist der König eines großen Reiches und mußt jeden Tag selbst die eingehende Post durchsehen. Die meisten Briefe stecken in gewöhnlichen Firmenumschlägen, einige wenige aber auch in persönlichen Briefkuverts unterschiedlicher Größe und Farbe. Eines Tages bemerkst du beim Sortieren der Post einen Umschlag, den du sofort als dein eigenes königliches Briefpapier erkennst! Du weißt, daß solche Art Schreibpapier nur von Menschen benutzt wird, die dazu autorisiert sind. Also schenkst du diesem Brief sofort deine Beachtung.

Freund, wir sind Söhne des Königs, und wir haben die Vollmacht bekommen, im Namen Jesu beten zu dürfen. Jesus selbst hat gesagt: *„Wenn ihr etwas bitten werdet in meinem Namen, so werde ich es tun"* (Johannes 14, 14). Das ist das königliche Briefpapier! Es ist nicht irgendeine lästige Pflicht; es ist ein Vorrecht! Es ist etwas, wofür wir Gott preisen sollten!

Überall auf der Welt versuchen Menschen, Freunde in hohen Positionen zu gewinnen. Weißt du aber, Gotteskind, daß dein Freund an höchster Stelle im gesamten Schöpfungsbereich sitzt? Ist es dir klar, daß dein Freund dich liebt und als Gegenleistung nur deine Liebe und dein Lob verlangt? Ist dir bewußt, daß wir als Gotteskinder ein Recht auf unbegrenzten Schutz und Segen haben?

Mir wurde die Autorität des Namens Jesu erstmals bewußt, als mir vor vielen Jahren ein Gebetsanliegen vorgetragen wurde. Ich sollte damals für einen Jungen beten, den die Spezialisten des Barnes-Krankenhauses in St. Louis/ Missouri aufgegeben hatten, weil er an Gehirntumoren litt. Die Eltern des Jungen brachten ihn zu mir nach Joplin/ Missouri, wo ich zu der Zeit diente. Im Namen Jesu verfluchte ich die Tumore. Es gab keine sofortige, sichtbare Veränderung im Befinden des Jungen, aber als seine Eltern ihn ins Krankenhaus zurückbrachten, sagte man ihnen zu ihrer großen Verwunderung und Freude, daß die Tumore verschwunden seien! Es war keine Spur mehr von ihnen vorhanden!

F. B. Meyer pflegte folgende Geschichte zu erzählen: „Der große Geiger Paganini stand vor einer riesigen Zuhörermenge und zerbrach eine Saite nach der andern auf seiner Violine, bis nur noch eine einzige übrig war. Dann hob er sein Instrument hoch und sagte: »Eine Saite und Paganini.« Darauf spielte er so meisterhaft, als ob alle Saiten vorhanden seien." Auch wir sind heute oft erstaunt darüber, was ein einziger Christ zusammen mit dem Namen Jesu fertigbringt.

Im Jahre 1952 wurde eine Frau zu mir gebracht, die Krebs hatte und todkrank war. Sie befand sich im letzten Stadium der Krankheit. Ihre Haut war ganz verfärbt und schien sich buchstäblich über die Knochen zu spannen. Sie hatte fast die Hoffnung aufgegeben, jemals geheilt zu werden.

Ich schlug Johannes 14, 13 auf, wo Jesus sagt: „*Und was irgend ihr bitten werdet in meinem Namen, das werde ich tun, auf daß der Vater verherrlicht werde in dem Sohne.*"

Ich sagte: „Liebe Schwester, Jesus hat gesagt: »Bittet in meinem Namen, und ich werde das tun, was irgend ihr bittet.« Wir wollen das »was irgend« jetzt auf die Krebsgeschwüre anwenden, die deinen Körper und dein Leben zerstören. Jesus hat gesagt: »Ihr sollt bitten, und ich will tun.« Er ist groß genug, um alles zu tun, um was wir ihn bitten."

Die Frau lächelte mich voll stiller Zuversicht an und sagte schwach: „Das hört sich gut an."

Wir baten Gott gemeinsam, in Jesu Namen den Krebs zu entfernen. Und innerhalb von drei Tagen war es geschehen! Alle Krebsgeschwüre waren aus ihrem Körper abgegangen! Sie ist heute ein gesunder, normaler Mensch, der seine Freude daran hat, Gott für die Kraft seines Namens zu danken.

Wenn ich im Namen Jesu solche Wunder geschehen sehe, frage ich mich, wie jemand es überhaupt versäumen kann, den Herrn zu preisen. Ich staune wirklich, daß Gott es sogar nötig hat, uns zu *befehlen,* daß wir seinen Namen preisen sollen!

Wie bete ich darum, daß alle meine Brüder und Schwestern in Christus nicht nur anfangen, die Macht zu erkennen, die uns verliehen worden ist, sondern auch anfangen, Gott das rechte Lob für die Autorität seines heiligen Namens darzubringen!

9. Täglicher Lobpreis verhindert Arztbesuche!

Eines der erstaunlichsten Beispiele dafür, welche Kraft im Lobpreis liegt, war für mich der Fall Harry Ericksons aus Gold Beach/Oregon.

Harry hatte 17 Jahre als Holzfäller im Nordwesten Kanadas gearbeitet. Im Juni 1952 passierte es, daß er unter eine Ladung Baumstämme geriet, als sie von einem Holzwagen herunterfiel. Wie durch ein Wunder konnte er gerade noch schnell genug zur Seite springen, um der vollen Wucht der herabfallenden Stämme zu entgehen.

Trotzdem war Harrys Bein auch nach der Operation krumm und deformiert und sein Fuß permanent nach einer Seite gedreht; das rechte Bein war gegenüber dem linken um sechs Zentimeter verkürzt.

Einige Zeit später wurde die Familie Erickson zu Gottesdiensten in der Assemblies of God-Gemeinde in Gold Beach eingeladen, wo sie Jesus als ihren Heiland und Herrn kennenlernte.

Während einer Evangelisation, die ich in der Gemeinde in Gold Beach hielt, beteten wir an einem Abend auch für Harry.

Anschließend fragten wir ihn: „Was kannst du jetzt tun, was du vorher nicht fertig brachtest?"

„Bruder Gossett", gab Harry zur Antwort, „wenn ich mich mit meinem rechten Fuß auf die Zehenspitzen stellen kann, dann ist das etwas, was ich bis jetzt nicht konnte."

Harry versuchte es.

Als er feststellte, daß es ihm gelang, war er außer sich vor Freude. Er ging dann wieder zu seinem Platz, und ich sah, daß er anschließend den Saal verließ und sich in den dahinter liegenden Gebetsraum begab.

Wenige Minuten später kam er wieder in den Saal zurück — in vollem Lauf! Seine Freude war so groß, daß ich ihn fragte, was er denn dort im Gebetsraum gemacht habe.

„Nun", erwiderte er, „ich bin auf meine Knie gefallen und habe mein Leben restlos diesem herrlichen Herrn ausgeliefert, der solch ein großes Wunder vollbringen konnte. Während ich noch auf den Knien war, kam unser Sonntagsschulleiter ins Zimmer und sagte: »Steh' auf, Harry, und laß uns nachsehen, was Gott getan hat.« Ich erhob mich, krempelte das Hosenbein hoch, zog Schuh und Strumpf aus und betrachtete mein Bein. Und was meinst du, was ich sah?"

„Was?" fragte ich.

„Alle Knochen waren gerade und normal! Der verdrehte Fuß war gerichtet, die Schwellung verschwunden, und das Bein war genauso lang wie das andere!"

Mit Freudentränen in seinen Augen zeigte Harry der Versammlung, was Christus an ihm getan hatte. Die Leute waren elektrisiert, hatten ihn doch viele in seinem vorherigen verkrüppelten Zustand gekannt.

Als er am nächsten Morgen am Strand entlangging, sah Harry sich seine Fußabdrücke im Sand genau an. Seit seinem Unfall war der Abdruck des rechten Fußes verdreht gewesen, aber jetzt nicht mehr.

Mir erzählte er: „Als ich mich umwandte und zwei gerade, normale Fußspuren hinter mir sah, konnte ich nicht umhin, Gott voller Freude laut zuzujauchzen."

So erstaunlich Harrys Geschichte ist, so ist sie doch keineswegs einmalig.

Anläßlich einer großen Zeltversammlung, die ich in Kalifornien hielt, begegnete ich einem Prediger mit Namen Jack Neville; sein Zeugnis war mir sehr zum Segen.

Jack war 1952 in ein schweres Zugunglück verwickelt. Wie die anderen Unfallopfer, wurde auch er auf schnellstem Wege ins Krankenhaus gebracht. Die Röntgenaufnahmen ergaben, daß er sich in einem kritischen Zustand befand. Als die Ärzte herausfanden, daß er Geistlicher war, meinten sie, ihm den Ernst seines Zustandes auf schonende Weise beibringen zu können.

„Herr Pastor", sagten sie, „Sie sollen wissen, was die Röntgenaufnahmen ergeben haben. Ihr Rücken ist schlimm gebrochen. In der gegenwärtigen Verfassung sind wir noch nicht sicher, daß Sie durchkommen. Aber selbst wenn Sie überleben, werden Sie wahrscheinlich nie wieder laufen können."

Mein Predigerbruder war daran gewöhnt, mit unerwarteten Situationen fertig werden zu müssen, aber diese Eröffnung war einfach zu viel für ihn! Er fühlte sich innerlich zerschmettert.

Immer wieder gingen ihm die Worte der Ärzte durch den Kopf, und er schrie zu Gott: „O Gott, die Ärzte haben mir gesagt, daß ich vielleicht nicht durchkomme. Und selbst wenn ich überlebe, werde ich nach ihrer Ansicht wahrscheinlich nie mehr laufen können. Herr, mir wäre es lieber, wenn du mich noch heute nach Hause abrufen würdest. Mein Leben gehört dir, um das Evangelium zu verkünden. Jetzt aber, da ich weiß, daß ich nie mehr auf der Kanzel stehen kann, möchte ich lieber heute noch sterben."

Während er so Gott anflehte, ihn heimzuholen, gingen ihm plötzlich die folgenden Worte aus Matthäus 8, 17 durch den Sinn: *„Er selbst nahm unsere Schwachheiten und trug unsere Krankheiten."*

Während er über diese Wahrheit nachsann, drang sie bis

zu seinem Herzen durch. Der Heilige Geist konnte es ihm klarmachen, daß Jesus, als er am Kreuz starb, tatsächlich seine, Harrys, Verletzungen auf sich genommen hatte. Jesus selbst nahm ja unsere Schwachheiten und trug unsere Krankheiten, unsere Leiden und unsere Schmerzen.

Und als sein Herz so von dieser herrlichen Wahrheit ergriffen wurde, stieg neue Hoffnung in ihm auf. Er war ganz plötzlich von einem sich selbst bedauernden Christen in einen fröhlichen Glaubensmann verwandelt worden, der die Entdeckung gemacht hatte, daß er einen großen Erlöser und Herrn besaß, der eine solch mächtige Erlösung geschaffen hatte.

Die Bedeutsamkeit der blutenden Wunden Jesu fesselte seine ganze Aufmerksamkeit. Nicht länger war die Bibelstelle: „*... durch seine Wunden sind wir geheilt*" (Jesaja 53, 5) eine bloße Phrase für ihn. Jedes Wort war nun erfüllt mit pulsierendem Leben und Heilungskraft für seinen zerbrochenen Körper! Er begann den Herrn von ganzem Herzen zu preisen.

Von nun an sagte er in jeder Gebetszeit: „Lieber Herr Jesus, wenn du meine Schwachheiten auf dich genommen und meine Krankheit an deinem eigenen Leibe getragen hast, brauche ich sie ja nicht mehr zu tragen. Herr, es ist doch einfach nicht nötig, daß ich unter diesem gebrochenen und zerschmetterten Körper leide, wenn du dieses Leiden schon auf dich genommen hast. O Jesus, ich danke dir!"

Nach einiger Zeit kam er zu folgendem Entschluß: Es hatte keinen Sinn für ihn, weiter im Krankenhaus zu bleiben bei dem hoffnungslosen Urteil, das die Ärzte über sein Leben gesprochen hatten. Nach der Verheißung Gottes war er bereits geheilt. Warum sollte er also weiter ein Gefangener seines Bettes sein?

Schließlich handelte er seinem Glauben gemäß und stand aus dem Bett auf! Das Lob Jesu strömte aus seinem Herzen und von seinen Lippen, während er seinen Fuß auf den Boden setzte — um gleich darauf festzustellen, daß er erstaunlich kräftig war!

Schnell zog er sich an und verließ das Krankenzimmer. Im Flur traf er auf die Schwester, die ihn pflegte. Sie sah ihn an, als habe sie ein Gespenst vor sich.

„Pastor Neville", protestierte sie, „Sie — Sie können doch nicht!"

„Was kann ich nicht, Schwester?" entgegnete er.

Sie schien ihn nicht zu hören. „Ihre Beine, Ihr Rücken — es ist doch alles gebrochen! Es ist unmöglich! O Schreck! Schnell zurück ins Zimmer, bevor Sie tot umfallen!"

„Vielen Dank, Schwester", gab er zurück, „aber ich gehe jetzt nach Hause. Sehen Sie, Jesus, mein großer Arzt, ist zur Visite gekommen und hat mich geheilt."

Mit diesen Abschiedsworten ging er den Gang hinunter zum Entlassungsschalter. Aber noch ehe dort alles geregelt war, hatte die Schwester den für ihn zuständigen Arzt herbeigerufen. Sie kamen zum Schalter gelaufen, gingen vorsichtig auf ihn zu und baten ihn dringend: „Pastor, wir wissen nicht, was vorgefallen ist, können uns auch nicht erklären, wie Sie bis hierher gekommen sind, aber wir wissen, wie es um Sie steht — Sie können einfach nicht so handeln!"

Sie hatten schon nach einer Trage gerufen und versuchten, als diese gebracht wurde, ganz verzweifelt, ihn dazu zu bewegen, daß er sich darauf legte. Aber er gab ihnen nochmals sein Zeugnis: „Jesus, der große Arzt, ist zur Visite gekommen und hat mich geheilt." Als sie ihn so dastehen sahen, gerade aufgerichtet und gesund, als er sich dann vornüberbeugte, um zu zeigen, wie stark er war, konnten sie nichts mehr vorbringen.

Einige Zeit später ging er nochmals ins Krankenhaus, um sich untersuchen und röntgen zu lassen. Die Ärzte konnten nichts mehr bei ihm finden! ,,Geheimnisvollerweise", darüber waren sie sich einig, hatte der große Arzt eingegriffen.

Nicht alle Heilungen, denen ich auf der Lobpreisstraße begegnet bin, waren so spektakulär wie Jacks und Harrys. Erst kürzlich sprach ich mit einem Mann namens George Billowus. George erzählte mir, wie der Herr ihn von Arthritis geheilt habe. Gewiß bist du mit mir einer Meinung, daß auch dies ein Wunder Gottes ist, wenn es dabei auch ruhiger zuging.

,,Vor vier Jahren", sagte George, ,,hatten die Ärzte mich aufgegeben."

,,Was fehlte dir denn?" fragte ich.

,,Ich hatte Arthritis, und zwar so schlimm, daß ich an Krücken gehen mußte. Mein ganzer Körper schmerzte fürchterlich. Wie unglücklich war ich, Don!"

Als ich die Frage stellte, wie er denn geheilt worden sei, leuchtete sein Gesicht auf. ,,Ich glaube fest", entgegnete er, ,,daß das dem Glauben und dem kindlichen Gebet meiner kleinen Enkelin zuzuschreiben ist. Cindy, damals drei Jahre alt, und ihre zwei Jahre alte Schwester Sandy waren mit mir im Haus. Ich nahm Klein-Cindy mit ins Schlafzimmer, damit sie ihr Mittagsschläfchen halten konnte. Aber sie wollte nicht einschlafen, sondern die ganze Zeit auf mir herumklettern; ich mußte ihr wehren, weil ich solche Schmerzen hatte. Es tat mir schon weh, wenn jemand mich nur berührte.

Nach ein paar Minuten rückte sie zwar zur Seite, aber sie turnte weiter herum, so daß das Bett wackelte. Schließlich sagte ich: »Cindy, du mußt entweder still liegen oder aufstehen, du tust mir einfach zu weh.«

»Aber, Großvater«, gab sie zur Antwort, »ich habe gerade für dich gebetet. Jesus wird dich gesund machen, und dann können ich und Sandy immer auf dir herumspringen, und es tut dann gar nicht mehr weh.«"

In Georges Augen schimmerten Tränen, als er fortfuhr: „Ich war gleichzeitig gerührt und belustigt bei dem Gedanken, daß sie für mich gebetet hatte, damit sie und Sandy das uneingeschränkte Vorrecht genießen konnten, auf mir herumspringen zu dürfen! Und, siehst du, ich glaube, dieses kindliche Zeugnis war in Gottes Ohren köstlicher Lobpreis, denn in nur zwei Monaten war ich vollkommen gesund. Ich konnte mich auf den Boden legen, und alle beide, Cindy und Sandy, konnten auf mir herumklettern und den größten Spaß haben!"

Je mehr ich darüber nachdachte, was George und die anderen mir erzählt hatten, desto besser verstand ich die Rolle, die der Lobpreis bei ihrer Heilung gespielt hatte. Das Lob ist in Wirklichkeit die Sprache der Danksagung.

Wenn du Heilung brauchst, ist die beste Art, sie zu erhalten, diejenige, mit der du auch jedes andere Geschenk in Empfang nehmen würdest — indem du „danke" sagst. Und wir können unseren Dank Gott gegenüber am besten zum Ausdruck bringen, indem wir ihn preisen.

Es ist traurig, aber wahr, daß die allermeisten zwar geheilt werden möchten, aber längst nicht alle daran denken, Gott auch die Ehre für die Heilung zu geben.

Als Jesus den fiebrigen Körper von Petrus' Schwiegermutter angerührt hatte, „stand sie auf und diente ihnen". Ich bin überzeugt, einer der Hauptgründe, warum Jesus heute Menschen heilt, ist der, daß sie anderen dienen können und damit ihn verherrlichen. Manchmal besteht dieser Dienst nur darin, daß man anderen von der Heilung erzählt und von dem, der sie bewirkt hat: Jesus. Auf diese Weise fließt das Lob Gott zu, und Jesus wird erhoben.

10. Er ist ein Lügner und ein Dieb

Nach der ersten Versammlung in einer Evangelisation trat ein sonniges junges Paar mit seinem kleinen Sohn auf mich zu, der genauso glücklich aussah wie seine Eltern.

„Erkennst du uns wieder?" fragte der junge Vater. Ohne eine Antwort abzuwarten, fuhr er fort, mich daran zu erinnern, daß ich im Jahr vorher für seinen kleinen Jungen gebetet hatte.

„Don", sagte er, „du kannst dir gar nicht vorstellen, wie glücklich wir seit dem vergangenen Jahr sind. Tommy (Name geändert) geht wieder zur Schule und macht sich sehr gut. Die Veränderung ist so erstaunlich, daß ich kaum glauben kann, daß er es wirklich ist. Ich — ich — weiß gar nicht, wie ich unsere Gefühle ausdrücken soll!"

„Nun", sagte ich, „warum nicht den Herrn dafür preisen?"

„Oh, das tun wir bereits, Don", erwiderte er, „glaub' mir, wir haben *wirklich* ein Leben im Lobpreis angefangen!"

„Ich könnte mir auch nichts Besseres vorstellen", sagte ich.

Vor genau einem Jahr hatte dieses prächtige junge Ehepaar seinen neunjährigen Sohn in eine unserer Versammlungen mitgebracht. Als sie in der Gebetskette an der Reihe waren, erzählten sie mir eine herzzerreißende Geschichte.

Ihr kleiner Sohn war absolut unkontrollierbar. Er war

von der Schule verwiesen worden und mußte oft mit einem Seil angebunden werden, damit er nicht alles zerstörte, was ihm unter die Finger kam. Seine Eltern hatten ihn zu einem Psychiater gebracht, der aber endlich die Behandlung mit der Begründung abbrach, dem Jungen sei nicht zu helfen.

Während die Eltern mir den Fall erklärten, wurde es mir durch den Geist Gottes bewußt, daß ich hier einen kleinen Jungen vor mir hatte, der von dämonischen Mächten angegriffen wurde.

Ich sah den Jungen an und bemerkte das Feuer, das in seinen Augen brannte; es schien unwirklich. Er war wie ein verrückt gewordenes Tier. Als ich dort bei den leidgeprüften Eltern und ihrem kranken Kind stand, tat ich etwas, das ihnen sonderbar vorgekommen sein muß: Ich fing an, den Herrn für seine Macht zu preisen.

Während ich das tat, wurde der Junge zunehmend unruhiger. Ich erkannte, daß er Schaden erleiden könnte, wenn ich nicht rasch handelte, und gab prompt einen strengen Befehl: „Im Namen Jesu sage ich euch Dämonen: Kommt heraus aus diesem Jungen! Satan, du hast kein Recht mehr, über diesen Jungen zu herrschen. Im Namen Jesu Christi befehle ich, daß deine Macht über dieses Kind gebrochen ist!“ Dann sah ich dem Kleinen in die Augen und sagte: „Im mächtigen Namen Jesu, sei gelöst, sei frei!“

Das Ergebnis war augenblicklich und auf recht dramatische Weise zu sehen. Der Junge wurde sofort ruhig, und ein liebes, friedliches Lächeln breitete sich über sein Gesichtchen aus. Dann tat er etwas, was seit Jahren nicht vorgekommen war: Er wandte sich seinen Eltern zu, gegen die er unzählige Male rebelliert hatte, und umarmte sie! Jesus hatte die Fesseln gesprengt.

Die Bibel sagt, daß eines der wichtigen Zeichen, auf die wir in der Endzeit achten sollen, die gewaltige Zunahme an dämonischer Aktivität ist. Das sollte uns bewußt sein (uns aber nicht ängstlich machen). Die Bewohner der Lobpreisstraße haben einen Feind! Es gibt jemand, der nicht will, daß du Gott preist. Es gibt jemand, der immer der Verlierer ist bei deinem Lobpreis. Dieser Jemand ist Satan.

Sogar die moderne Wissenschaft fängt an, die Existenz böser, übernatürlicher Mächte in der Welt als Tatsache anzuerkennen — eine Tatsache, von der die Bibel wiederholt spricht. Gottes Wort sagt ganz klar, daß Satan als Person existiert, und beschreibt seine Herkunft, seine Charaktereigenschaften und seine Tätigkeit. Er wird bezeichnet als Widersacher, Bedränger, Betrüger, Dieb, Verkläger der Brüder, Verderber, Fürst der Gewalt der Luft, Versucher, Verleumder und Vater der Lüge.

Mein lieber Freund, ich möchte nicht, daß du voller Furcht zurückschreckst, wenn du diese Zeilen liest. Damit würdest du nur Satan einen Gefallen tun. Was ich möchte, ist, daß du Gott noch mehr preist, weil sein Wort uns versichert: „*... der, welcher in euch ist* (der Herr), *ist größer als der, welcher in der Welt ist* (Satan)" (1. Johannes 4, 4). Ist das für dich nicht ein sehr guter Grund, Gott zu preisen?

Während du also vor deinem Feind keine Angst zu haben brauchst, sollte dir aber auch seine Kriegsführung nicht unbekannt sein. Du mußt wissen, daß der Teufel es darauf abgesehen hat, dich zu betrügen. Darin ist er sehr gewandt. Er versucht ständig, dir beizubringen, daß gewisse Arten von Sünde eigentlich „gar nicht so schlimm" sind. Er macht dir weis, wenn du in manchen Dingen ungehorsam bist, daß es sich dabei ja nur um ganz geringfügige Sachen handelt, um die du dir keine Gedanken zu machen brauchst. Oder aber er warnt dich davor, ein „allzu sensitives Gewissen" zu bekommen.

Er ist wie der Mann, von dem ich einmal hörte, der seiner Nichte immer wieder versprach, er werde sie in seinem Testament großzügig berücksichtigen. Als er dann aber gestorben war, stellte sie fest, daß er den größten Teil seines Vermögens anderen Familiengliedern vermacht hatte, während sie selbst nur eine geringe Summe erhielt. „Nun“, sagte sie mürrisch, „ich hätte es wissen sollen — »Versprechen und nicht halten ist bei Jungen wie bei Alten«.“

Treffend wird mit dieser Bemerkung der Betrug Satans umschrieben. Akzeptiere seine Versprechungen nicht! Jesus hat von ihm gesagt: *„... es ist keine Wahrheit in ihm ... denn er ist ein Lügner und der Vater derselben“* (Johannes 8, 44). Deshalb solltest du standhaft jeden Vorschlag ablehnen, den er dir unterbreitet. Glaube nur das, was Gott in seinem Wort sagt. Wenn du „nein“ zum Teufel sagst und dabei beständig Gott preist, ist dir der Sieg gewiß. *„Widersteht dem Teufel, und er wird von euch fliehen“* (Jakobus 4, 7).

Wir müssen auch daran denken, daß Satan darauf abzielt, uns, unsere Familie und jeden wiedergeborenen Gläubigen zu verderben. Jesus hat in Johannes 10, 10 gesagt: *„Der Dieb* (Satan) *kommt nur, um zu stehlen, zu schlachten und zu verderben.“* Das tut er, indem er das Bild Gottes in den Menschen verzerrt; indem er den Sinn der Menschen verwirrt und durcheinander bringt; indem er ihr Leben mit Schmutz und Verfaultem sättigt; indem er Seelen in die ewige Christusferne zerrt, „wo sein wird Heulen und Zähneknirschen“.

Satan benutzt Menschen als sein Werkzeuge, um das Menschengeschlecht zu verderben. Es kommt einem unglaublich vor, daß Menschen sich dem Teufel als Werkzeuge zur Verfügung stellen, um ihre eigenen Mitmenschen ins Verderben zu stürzen. Aber genau das ist der Fall. Manche hausieren mit Drogen an Schulen und geben sie an erlebnishungrige Jugendliche weiter. Andere verkaufen über die Theke Alkohol an jeden, der „beweisen“ kann, daß er volljährig ist. Wieder andere schämen sich nicht, an Hochschulen pornographisches Material zu vertreiben.

Wie oft werden unsere Jungen und Mädchen verdorben und ihrer Herzensreinheit beraubt, noch ehe sie die höheren Klassen erreicht haben. Nichts wird ihnen rein und heilig gelassen! Darum schärfe ich es dir ein: Erkenne deinen Feind! Erkenne die Macht des Bösen als das, was sie wirklich ist: böse Geister, die Satan zum Verderben ausgesandt hat!

Laß uns zusammenfassen: Was sollen wir Christen tun, wenn wir diesen dämonischen Mächten begegnen? Was können wir gezielt dagegen tun?

Als erstes müssen wir die Autorität ausüben, die uns durch den Namen Jesu gegeben ist. In Markus 16, 17 hat Jesus gesagt: *„Diese Zeichen aber werden denen folgen, welche glauben: In meinem Namen werden sie Dämonen austreiben ...“* In Philipper 2, 9.10 wird uns gesagt, daß *„... Gott ihn* (Jesus) *auch hoch erhoben und ihm einen Namen gegeben hat, der über jeden Namen ist, auf daß in dem Namen Jesu jedes Knie sich beuge, der Himmlischen und Irdischen und Unterirdischen“.* Wenn also Satan uns belügt, angreift und uns zu verderben versucht, sollten wir im Namen Jesu gegen ihn aufstehen und dem „Vater der Lüge“ befehlen, uns in Ruhe zu lassen.

Als zweites müssen wir uns auf Gottes Wort verlassen. Als Jesus in der Wüste versucht wurde, zitierte er die Schrift und kämpfte damit gegen die Versuchungen Satans. Ich empfehle dir, daß auch du auf dem Wort Gottes stehst, wenn du mit Satan kämpfst. Gottes Wort ist die Wahrheit, und Satan besitzt dagegen keinen Schutz.

Als drittes müssen wir zu echtem Lobpreis durchdringen. Es ist ganz klar, daß das Lob nicht gerade leicht fließt, wenn man unter Beschuß ist. Das Letzte, was Satan möchte, ist, daß du Gott preist. Tue es trotzdem! Wenn du den

Herrn preist, dann denke daran, daß Gott unter dem Lob seines Volkes wohnt — und alle dämonische Macht muß weichen! Denke daran: Satan kann sich nicht dort aufhalten, wo der Herr gepriesen wird! Das allein ist Grund genug, mit einem Leben im Lobpreis zu beginnen!

Als viertes, laß es mit David dein Gebet sein: „... *erneuere in meinem Innern einen rechten Geist*" (Psalm 51, 12). Bete dieses biblische Gebet oft, mehrere Male am Tag, denn allzuleicht lassen wir einen verkehrten Geist in unser Herz kommen; vielleicht ist es ein Geist des Hochmuts, der Selbstgerechtigkeit, des Ärgers, der Bitterkeit, der Unfreundlichkeit, der Eifersucht, des Nicht-Vergebenwollens, der Furcht oder einer der vielen anderen verkehrten Geister, der sich in unserem Leben breit machen will. Auch aus diesem Grunde bitte ich alle gläubigen Christen dringend, voll in ein Leben des Lobpreises einzutreten.

Noch ein Letztes: Beschränke dich mit deinem Lob nicht auf eine bestimmte Zeitspanne am Tag (obwohl es gut ist, auch eine feste Zeit zu haben). Versuche vielmehr, Gott für jedes Ereignis des Tages zu preisen. Wenn Enttäuschung dich überfällt, preise Gott! Wenn Ärger in dir hochsteigen will, preise Gott! Wenn Schmerzen dich plagen, preise Gott! Satan wird es nicht lange in deiner Nähe aushalten, wenn du beständig den Herrn preist.

11. Die Niederlage besiegen

In beinahe jeder Straße kommt es vor, daß über den rückwärtigen Gartenzaun hinweg geklatscht wird. Damit wird bezweckt, daß schlechte Neuigkeiten und üble Gerüchte in der Nachbarschaft die Runde machen. Die Lobpreisstraße bildet in dieser Hinsicht leider keine Ausnahme.

Selbst der wirklich zum Preisen entschlossene Mensch wird oft entdecken, daß er sich von den Klageweibern und Kritikern hat „herunterziehen" lassen, die auf der nächsten Straße, der „Murrstraße", wohnen. Es ist gewiß nicht einfach, beständig den Herrn zu preisen. Das Jammern ist eine subtile Sünde. Manchmal ertappt man sich dabei, daß man, ohne es zu merken, ins Jammern verfallen ist. Wie kann das sein? Bei einigen von uns geht es vermutlich folgendermaßen vor sich:

Auf der gegenüberliegenden Seite der Murrstraße wohnt eine Frau mit Namen Sue. „Traurige Sue" wird sie von allen genannt, weil sie nie fröhlich zu sein scheint. Jeden Tag verbringt Sue die meiste Zeit damit, über den Gartenzaun hinter ihrem Haus lehnend, ihren Nachbarn etwas vorzujammern. Es spielt keine Rolle, was los ist oder was für ein Tag es gerade ist, Sue hat gewöhnlich für jede Situation das passende Jammerlied. Ist es draußen sonnig und warm? Sue bemerkt, daß sie die Hitze einfach nicht vertragen kann. Ist das Wetter kalt und regnerisch? Sue klagt, daß die Sonne seit zwei Wochen nicht geschienen hat!

Ich könnte mir denken, daß ein derartiges Betragen nicht

halb soviel Schaden anrichten würde, wenn Sue sich mit der Weitergabe ihrer Ansichten auf ihre eigene Straße beschränken würde. Das ist aber nicht der Fall. Wiederholt trifft man sie an, wie sie, über den Gartenzaun gelehnt, mit ihren schlimmen Neuigkeiten und ihrem Klatsch auch den Nachbarn von der Lobpreisstraße das Leben schwer macht.

Eines Tages stützt sie ihren Arm auf den Zaun hinter deinem Haus und beginnt: „Mary, heute ist absolut nichts los mit mir!“

„Du liebe Zeit“, entgegnest du, „ist etwas nicht in Ordnung?“

„Nein, *alles* ist nicht in Ordnung“, kommt ihre Erwiderung. „Bin heute morgen eine Stunde zu spät aufgestanden. Hab' den Toast schwarz werden lassen. Hatte Streit mit meinem Alten beim Frühstück. Und jetzt ist die Waschmaschine auch noch kaputt!“

„Ach, du Arme!“ rufst du voller Mitleid aus. „Kann ich dir irgendwie helfen? Du kannst gerne meine Waschmaschine benutzen!“

„Nützt auch nichts“, seufzt Sue verdrießlich, „heute ist einfach nichts mit mir los!“ Dann schaut sie dich über ihre Brille hinweg an und fügt hinzu: „Und dir wird es auch nicht besser gehen!“

„Wie kommst du denn darauf?“ fragst du verwundert.

Sie hält einen Moment inne, streicht über die Warze auf ihrem Kinn und sagt feierlich: „Weißt du nicht, daß heute Freitag der 13. ist?“

„Tatsächlich?“ gibst du zurück.

„Jawoll. Nix klappt, wenn Freitag der 13. ist. Wart's ab! Dich erwischt's heute auch noch!“

„Ach, das glaube ich nicht“, erwiderst du. „Weißt du, ich bin nicht abergläubisch.“

„Ganz egal“, gibt Sue zur Antwort. „Wenn was Schlimmes passieren soll, kannst du gar nix dran machen. Mußt es so nehmen, wie's kommt!"

Nach dieser Begegnung bist du vorsichtiger, wenn du mit der „traurigen Sue" redest. Aber eines Tages fängt Sue ein Gespräch über „religiöse Dinge" an, woraus sich eine recht interessante Unterhaltung entwickelt.

„Wie ich höre, habt ihr einen neuen Prediger in eurer Kirche", fängt Sue an.

„O ja", erwiderst du. „Du *mußt* einfach einmal mitkommen, um ihn zu hören. Seine Predigten würden dir bestimmt gut gefallen."

„Wann ist er mit Predigen fertig?" will Sue wissen.

„Gewöhnlich gegen zwölf Uhr dreißig — warum?"

„Puh! Das könnte mir also passieren, *so* lange in der Kirche zu sitzen. Sollte er nicht um zwölf Schluß machen?"

„Nun ja, ich denke schon, aber manchmal ist er so erfüllt vom Segen Gottes, daß er einfach nicht rechtzeitig aufhören kann."

„So ist das mit all den Predigern! Regt dich das nicht auf, wenn du 'nen Braten im Backofen hast und die Kinder auf dem Stuhl 'rumhampeln und wissen wollen, wann sie endlich heim dürfen?"

„Ehrlich gesagt — es stört mich schon manchmal ein bißchen", erwiderst du zögernd.

„Dacht' ich mir's doch!" lächelt Sue breit. „Manche von diesen Predigern haben einfach keinen gesunden Menschenverstand, wenn es um die Länge ihrer Predigten geht. Sie scheinen zu vergessen, daß es fast unmöglich ist, Kinder nach zwölf Uhr noch ruhig zu halten."

„Zugegeben, das ist wirklich so", gibst du gedankenvoll zurück.

„Weißt du", sagt Sue und fuchtelt dir mit ihrem Finger vor der Nase herum, „wenn die Welt durch Predigten gerettet werden könnte, wäre sie schon seit Jahren gerettet. Das

Problem bei den Predigten heute ist, daß einfach keine Kraft mehr dahinter ist. Verstehst du, was ich meine?"

„Ja, da muß ich dir recht geben", stimmst du kleinlaut zu.

„Deshalb geht die Welt auch vor die Hunde", beendet Sue das Gespräch. „Die Kirchen haben einfach keine Kraft mehr."

Die Wochen vergehen, und du stellst fest, daß du anfängst, dir einige von Sues schlechten Gewohnheiten anzueignen. Die Bibel- und Gebetsstunden besuchst du mit einem langen Gesicht. Wenn du merkst, daß alles etwas kalt und kraftlos wirkt, fängst du gleich an zu beten: „O Herr, was ist hier los? Es ist ja alles wie zugeschnürt. Herr, ich spüre hier soviel Dunkelheit. Es kommt mir vor, als wäre der Raum mit bösen Geistern erfüllt."

Eines Tages besucht dich dein Bruder Hal, um mit dir über diese Sache zu sprechen. Er zeigt auf, wie sehr deine Gebete im Begriff sind, überaus negativ zu werden.

„Mary", sagt er, „bist du dir darüber im klaren, daß du, wenn du dem Herrn etwas vorjammerst, damit in Wirklichkeit Satan eine Ehre erweist?"

„Oh, das hatte ich aber nicht vor", sagst du.

„Das glaube ich dir gern", entgegnet Hal. „Es ändert aber nichts an der Tatsache, daß du bald genau wie die »traurige Sue« sein wirst und damit Gefahr läufst, von der Lobpreisstraße verstoßen zu werden!"

Mit deinem Bruder gemeinsam bittest du nun den Herrn, dir zu vergeben, und dann fangt ihr an, ihn zu preisen. Du wischst dir die Tränen aus den Augen und sagst: „Es tut mir leid, Hal. Ich hätte es besser wissen müssen. Wahrscheinlich habe ich gar nicht gemerkt, wie sauer ich wurde. Von jetzt an will ich mich mehr vor Sue in acht nehmen. Sie braucht Jesus, das ist alles."

Freunde, wir alle, die wir in der Lobpreisstraße wohnen,

müssen beständig auf der Hut sein vor den traurigen Brummbären auf der Murrstraße. So seltsam es klingt, so wahr ist es doch, daß viele Leute am liebsten über Niederlagen reden — und der Jammer sucht Gesellschaft!

Denke daran: Auf der Lobpreisstraße ist kein Platz fürs Trübsalblasen. Du kannst diese Falle des Teufels umgehen, wenn du dir am Anfang jedes neuen Tages den folgenden Bibelvers vorsagst: „Dies ist der Tag, den der Herr gemacht hat; wir wollen frohlocken und uns in ihm freuen" (Psalm 118, 24)! Es ist eine Tatsache, daß der Herr jeden neuen Tag extra für uns macht. Was Gott auch immer macht, ist gut — gut *für* uns. In 1. Mose 1, 31 steht, daß „... Gott alles sah, was er gemacht hatte, und siehe, es war sehr gut." Weil der Herr den Tag gemacht hat, soll es uns an diesem Tag gut gehen, und wir brauchen nicht zu murren. Er erwartet, daß wir frohlocken und uns freuen. *„Dienet dem Herrn mit Freuden"*, lautet der Befehl in Psalm 100. Sage dir diese Worte vor: „Der Herr hat diesen Tag für mich gemacht. Ich will mich freuen und frohlocken!"

Solange Gott *für* dich, *bei* dir und *in* dir ist, besteht gar keine Veranlassung, Trübsal zu blasen! Gott ist kein trübsinniger Gott, und er will auch keine trübsinnigen Kinder haben!

Die Bibel befiehlt uns: *„... und gebet nicht Raum dem Teufel"* (Epheser 4, 27). Wenn du der düsteren Stimmung in deinem Leben Raum gibst, gibst du damit dem Teufel Raum. Er ist der Urheber allen Trübsinns. Erkläre es also freudig: „In meinem Leben ist kein Raum für Trübsinn! Halleluja!"

Viele Gotteskinder befinden sich in gedrückter Stimmung. Sie sind niedergeschlagen, kopfhängerisch, mit ihrem Leben unzufrieden. Das muß aber nicht so bleiben! Verlaß gerade jetzt den Sumpf deiner Verzweiflung. Halt' ein mit Schmollen! Gewiß gibt es im Leben viele Dinge, die einen niederdrücken können. Aber du lebst ja vom Wort Gottes! Sinke doch nicht auf das Niveau der pessimistischen Masse ab! Hör' auf, ein langes Gesicht zu machen! Dein Herr lebt! Er ist auferstanden! Sing' Halleluja! Sei ein lebensprühender Mensch, der keine Zeit hat zu schmollen, sich aufzuregen oder ein trübsinniges Dasein zu führen. Preise den Herrn oft. Wenn du abends ins Bett gehst, dann zähle auf, wie oft der Herr dich den Tag über gesegnet hat, und du wirst erstaunt sein, was er alles für dich getan hat.

Laß mich nochmals betonen, daß Jesaja 41, 10 eine der wichtigsten Bibelstellen ist, wenn man den Trübsinn verscheuchen will: *„Fürchte dich nicht, denn ich bin mit dir; schaue nicht ängstlich umher, denn ich bin dein Gott; ich stärke dich, ja, ich helfe dir, ja, ich stütze dich mit der Rechten meiner Gerechtigkeit.“* Wie kannst du am Boden liegen, wenn Gottes Hand dich hoch hält?

Ich erinnere mich an die Geschichte von einem besonders heftigen Kampf, den Napoleons Heer einmal zu kämpfen hatte. In der Hitze des Kampfgetümmels kam Napoleon zu dem Schluß, daß ein Sieg unmöglich zu erringen sei. Deshalb rief er einen seiner Tamboure herbei und gab ihm den Befehl, das Zeichen zum Rückzug ertönen zu lassen. Mit einem Augenzwinkern erwiderte der Tambour, er wisse nicht, wie man zum Rückzug trommeln müsse, werde aber gern das Zeichen zum Vormarsch geben.

Leicht beschämt, sah Napoleon seinen Irrtum ein und befahl nunmehr dem Mann, zum Vormarsch zu trommeln. Als das geschah, konnte die Armee den Sieg erringen, obwohl die Umstände ganz klar auf eine Niederlage hingedeutet hatten.

Wenn doch alle gläubigen Christen sich weigern würden, von Niederlagen zu reden! Wieviel Siege würden wir dann feiern können! Deshalb weist uns Gottes Wort an, ihn in allen Dingen zu preisen. Gott will uns damit sagen, daß der

Sieg, den wir tagtäglich erringen, nur so groß ist, wie wir ihn haben wollen. Jeden Tag müssen wir uns von neuem dazu erziehen, das Zeichen zum Rückzug zu vergessen und statt dessen den Lobpreis-Aufruf zum Sieg erschallen zu lassen. Der Lobpreis ist der einzig ausführbare Weg zum Vormarsch und zum Sieg.

Im Lauf der Jahre habe ich festgestellt, daß viele Christen — wie ich es nennen würde — „Teilzeit-Preiser" sind. Christen dieser Art haben die Gewohnheit, Gott zwar in den Gebetsstunden und Gottesdiensten zu preisen; in ihrem Alltag aber machen sie es genau wie alle anderen: Sie schimpfen und klagen. Freund, es ist nicht Gottes Wille, daß wir nur zeitweise auf der Lobpreisstraße wohnen. Wenn Gott sagt, wir sollen ihn in allen Dingen preisen, dann wird genau das von uns erwartet. Die Bibel sagt nichts davon, daß wir Gott zeitweise oder in manchen Dingen preisen sollen; dagegen fordert sie uns auf, ihn in allen Dingen zu preisen. Ich wünschte, daß jeder Christ diese Botschaft in die Welt hinaustragen würde. Welch eine herrliche Friedensmission würde doch damit erfüllt!

Einer meiner Bekannten hat einmal gesagt: „Im Lob liegt Sieg, und im Sieg liegt Lob." Wie wahr ist das! Es wird am Falle von Stephanus, dem ersten christlichen Märtyrer, deutlich. Stephanus war zu Unrecht der Gotteslästerung angeklagt und aus der Stadt Jerusalem hinausgeschleift worden, um zu Tode gesteinigt zu werden. Als er im Sterben lag, betete er: „Herr, rechne ihnen diese Sünde nicht zu!" (Apostelgeschichte 7, 60). Welch ein siegreiches Gebet! Kein Jammern! Kein Selbstmitleid! Kein Trübsinn! Nur Liebe, Friede und Freude!

Möchtest du gern ein Siegesleben führen? Möchtest du die Niederlage unterlegen sehen? Das ist möglich, mein Freund, wenn du nur dem Wort Gottes gemäß handelst. Nachfolgend einige Regeln dazu:

1. Sage nie: „Ich kann nicht.“ Dieser Satz steht nirgends in der Bibel. Sprich Gottes Sprache. Sage das, was sein Wort sagt. Sei in Einklang mit dem Himmel, indem du Gottes Wort bekräftigst. Stimme Gott zu, indem du seinem Wort zustimmst: *„Ich vermag alles durch ihn, der mich stark macht, Christus“* (Philipper 4, 13).
2. Sage nie: „Ich kann nicht geheilt werden.“ Sage stattdessen voller Zuversicht: „Ich *kann* geheilt werden, denn *»durch seine Striemen sind wir geheilt«* (Jesaja 53, 5). Ich *kann* geheilt werden, weil Jesus gesagt hat: *»Den Kranken werden sie die Hände auflegen, und es wird besser mit ihnen werden«* (Markus 16, 18). Mir sind die Hände aufgelegt worden, also wird es mir besser gehen.“
3. Sage nie: „Ich kann meine Rechnungen nicht bezahlen.“ Erkläre dagegen ausdrücklich: „Ich *kann* meine Rechnungen bezahlen, denn *»mein Gott wird alle* (meine) *Notdurft erfüllen nach seinem Reichtum in Herrlichkeit in Christus Jesus«* (Philipper 4, 19). Ich habe dem Herrn zur Ehre treu meinen Zehnten gegeben und in seinem Namen Opfer gebracht, und er verspricht: *»Ich werde euch die Fenster des Himmels auftun und euch Segen ausgießen ... und ich werde um euretwillen den Fresser schelten ...«* (Maleachi 3, 10.11).“
4. Sage nie: „Ich kann nicht mit Vollmacht Zeugnis ablegen, weil ich kein guter Redner bin.“ Besiege diese negative Aussage, indem du bekräftigst: „Ich *kann* mit Vollmacht Zeugnis ablegen, denn ich habe den Heiligen Geist empfangen, von dem Jesus gesagt hat: *»... ihr werdet Kraft empfangen, wenn der Heilige Geist auf euch gekommen ist«* (Apostelgeschichte 1, 8). Ich *kann* mein Zeugnis für Christus anderen weitersagen und ihnen auch die Heilsbotschaft bringen, denn der mächtige Heilige Geist vom Himmel gibt mir die Kraft dazu.“

5. Sage nie: „Ich kann einfach keine Gebetserhörungen erleben." Ein solcher Ausspruch wird dir den Himmel verschließen. Sage dagegen in voller Gewißheit: „Ich *kann* Gebetserhörungen erleben, denn Jesus hat gesagt: »*Was irgend ihr den Vater bitten werdet in meinem Namen, wird er euch geben*« (Johannes 16, 23). Ich *kann* herrliche Gebetserhörungen von Gott empfangen, denn er hat gesagt: »*Rufe zu mir, und ich will dir antworten und will dir große und unerreichbare Dinge kundtun...*« (Jeremia 33, 3). Ich weiß, daß meine Gebete Erhörung finden können, denn »*dies ist die Zuversicht, die wir zu ihm haben, daß, wenn wir etwas nach seinem Willen bitten, er uns hört*« (1. Johannes 5, 14)."
6. Sage nie: „Meine Angehörigen können nicht für Jesus gewonnen werden." Das ist eine Lüge des Teufels, und wenn du so sprichst, gibst du damit dem Teufel Raum. Stimme Gottes Verheißung zu und erkläre: „Meine Angehörigen *können* für Jesus gewonnen werden, denn die Bibel sagt: »*Glaube an den Herrn Jesus Christus, und du wirst errettet werden, du und dein Haus*« (Apostelgeschichte 16, 31). Ich will nicht in der Angst leben, daß meine Lieben für immer verloren gehen könnten. Alle meine Angehörigen *können* gerettet werden, denn ich will mich von Gott als Werkzeug gebrauchen lassen, für ihre Rettung zu beten und zu glauben."
7. Sage nie: „Ich kann meine Freßlust nicht bezwingen." Denke daran, daß Gott gesagt hat: *„Meine Gnade genügt dir"* (2. Korinther 12, 9). Darum kannst du sagen: „Durch Gottes Gnade *kann* ich der Freßlust widerstehen. Durch die Gnade Christi *kann* ich den Essenszwang besiegen und dafür mit Mäßigung und Selbstbeherrschung Speise zu mir nehmen. Ich habe das Geheimnis entdeckt: Ich *kann* mein Problem durch die Gnade meines Herrn Jesus Christus bewältigen."

Siehst du? Gott möchte, daß du aufhörst, von Niederlagen zu reden; er möchte, daß du ihn preist und ein Leben im Sieg führst!

12. Wenn's ums Geld geht

Das Klopfen hielt an, während ich mich beeilte, zur Tür zu kommen. Als ich sie schließlich geöffnet hatte, stand ich einem schlanken, geschäftsmäßig wirkenden Herrn gegenüber, der ein handfestes Mundwerk besaß.

„Ich bin gekommen, um die Rate fürs Auto einzuziehen", sagte er rundheraus.

Einen Augenblick lang wollte mir der Mut sinken, als ich ihm mitteilen mußte, daß wir momentan kein Geld hätten, um die Abzahlungssumme zu begleichen.

„Nun", sagte der Mann, „in diesem Fall bleibt mir nichts anderes übrig, als das Auto mitzunehmen."

„Oh, das kann nicht sein", bat ich. „Wir brauchen das Auto doch. Und außerdem ist mir so etwas noch nie passiert, es darf einfach nicht sein! Können Sie nicht ihre Gesellschaft um eine fünftägige Verlängerung bitten? Die Entscheidung könnten Sie mir telefonisch durchgeben — aber wir haben kein Telefon. Ich bin sicher, daß ich das Geld innerhalb von fünf Tagen bereitstellen kann."

Der Mann zögerte einen Augenblick. Seine Gesichtszüge schienen etwas weicher zu werden. „Na gut", sagte er pessimistisch, „es trifft sich gerade so, daß ich auf dem Rückweg ins Büro bin. Ich werde sehen, was sich in bezug auf eine Verlängerung machen läßt. Aber machen Sie sich keine allzu großen Hoffnungen. Ich bin ziemlich sicher, daß man dieser Sache nicht zustimmen wird."

„Wann kommen Sie wieder? fragte ich besorgt.

„Im Laufe des Nachmittags — und dann werde ich den Wagen höchstwahrscheinlich wieder mitnehmen!“

Ich sah dem Mann nach, wie er über die Einfahrt zu seinem Auto ging. Während er einstieg, rief er über die Schulter zurück: „Sie holen besser Ihr persönliches Zeug da raus, bevor ich wiederkomme. Ich habe bestimmt keine Zeit zu warten!“ Mit dieser Bemerkung setzte er sich in seinen Wagen und fuhr los.

Vor nur wenigen Minuten war meine Frau zu einer Beerdigung gegangen, und ich paßte auf unsere vier kleinen Kinder auf. Also mußte ich ganz allein mit dieser Situation fertig werden.

Meine Entscheidung mußte rasch getroffen werden. Ich sah hinaus auf den Wagen, der vor unserem Haus stand. Sollte ich mich daran machen und unsere persönlichen Dinge herausnehmen? Nein, das würde ich nicht tun!

Dann hatte ich eine zweite Entscheidung zu fällen — und zwar unverzüglich. Ich konnte entweder in Panik geraten, über die Niederlage resignieren und zusehen, wie der Wagen weggeholt wurde — oder aber ich konnte mich im Glauben an Gott wenden und ihm von ganzem Herzen vertrauen.

Ich will zugeben, daß ich versucht war zu zweifeln. Aber meine Frau und ich hatten unsere Herzen mit Gottes Wort gespeist, und der Vers Philipper 4, 19 kam mir wie ein Blitz ins Gedächtnis: *„Mein Gott aber wird alle eure Notdurft erfüllen nach seinem Reichtum in Herrlichkeit in Christus Jesus.“*

Die Entscheidung war gefallen: Ich würde das, was ich gepredigt hatte, in die Praxis umsetzen. Ich würde es wagen, Gottes Wort laut zu bekennen. Ich würde in meinem Glauben nicht wankend werden. Ich würde mich der Wahrnehmung meiner Sinne nicht beugen. (Die Sinne befinden sich ständig im Widerstreit mit dem Wort Gottes: Ich hatte den Mann sagen „hören“, er werde den Wagen höchstwahrscheinlich abholen. Vom „Gefühl" her war ich besorgt über diese dringende Angelegenheit. Und in meiner Phantasie „sah" ich es bereits vor mir, wie der Wagen weggeholt wurde.)

Aber Gottes Wort stand über diesen Sinneswahrnehmungen. Seine Wahrheit überstieg bei weitem die natürlicherweise erkennbare Wahrheit. Ich würde mich kühn auf die Seite des Wortes Gottes stellen.

Immer wieder sagte ich es mir vor: „Mein Gott wird alle meine Notdurft ausfüllen." Ich sagte es mutig und mit voller Überzeugung.

Während der Bibelvers über meine Lippen kam, fing mein Herz an miteinzustimmen. Mein Vertrauen wuchs. Nach kurzer Zeit rief ich es laut: „Mein Gott wird alle meine Notdurft ausfüllen!" Wieder und wieder sagte ich mir die Worte vor. Wie eine Quelle brach es in meinem Geist auf: „Mein Gott wird alle meine Notdurft ausfüllen!" Das war kein Lied der Verzweiflung oder des Unglaubens. Es war ein Lied reiner Freude. Ich wußte, daß es auf wunderbare Weise wahr war.

Während ich fortfuhr, diesen Bibelvers laut aufzusagen — verbunden mit Lobpreis —, konnte ich das Geld beinahe in meiner Hosentasche „fühlen"! Gottes Wort allein schuf dieses Bewußtsein in mir.

Ich war noch immer am Aufsagen, Preisen und Singen, als es wieder an der Haustür klopfte. Als ich diesmal öffnete, sah ich einen Taxifahrer draußen stehen.

„Das Amt war leider nicht in der Lage, Sie telefonisch zu erreichen, deshalb bin ich gebeten worden, Ihnen mitzuteilen, daß eine Geldüberweisung am Telegrafenamt für Sie bereit liegt. Wenn Sie hingehen und ihre Unterschrift leisten, können Sie das Geld in Empfang nehmen", erklärte der Taxifahrer höflich. (Unser Ort war so klein, daß Taxifahrer oft derartige Botschaften übermittelten.)

Ich dankte ihm für seine Mühe und versicherte, ich würde mich so schnell wie möglich zum Telegrafenamt begeben, um mir das Geld aushändigen zu lassen.

Nachdem ich ihn vom Straßenrand hatte wegfahren sehen, schloß ich die Tür und fing wieder an, den Herrn zu preisen. Ich wußte einfach, daß er es war, der irgendjemand irgendwo veranlaßt hatte, mir dieses Geld zu schicken. Während ich noch dabei war, den Herrn für seine Treue zu preisen, klopfte es zum drittenmal an der Tür.

Als ich aufmachte, standen mir der Einzugsbevollmächtigte und ein zweiter Mann gegenüber, von dem ich annahm, daß er mitgebracht worden war, um unser Auto wegzufahren.

Ehe noch einer der beiden Männer Gelegenheit hatte, auch nur ein Wort hervorzubringen, lächelte ich sie freundlich an und sagte: „Hören Sie zu, meine Herren, ich weiß, wo ich das Geld umgehend herbekommen kann. Es gibt nur ein Problem: Ich muß nämlich auf unsere vier kleinen Kinder aufpassen, weil meine Frau zu einer Beerdigung gegangen ist. Wenn Sie beide nichts dagegen hätten, an meiner Stelle bei den Kindern zu bleiben, könnte ich in ein paar Minuten mit dem Geld zurück sein."

Die Männer sahen sich unschlüssig an. Schließlich ergriff der Einzugsbevollmächtigte das Wort: „Okay, sicher, ich denke doch, daß wir bei den Kindern bleiben können. Es ist zwar etwas ungewöhnlich — aber wenn Sie das Geld beschaffen können, warum nicht? Machen Sie nur schnell!"

Inzwischen war mein Herz vor Freude und Jubel fast am Zerspringen, während ich meinen Mantel anzog. Ich hatte das Geld; ich hatte zwei kostenlose Babysitter; ich hatte alles, was ich brauchte!

Am Telegrafenamt fand ich die Überweisung vor. Mein himmlischer Vater hatte es einem Mann, ungefähr 1000 Kilometer entfernt, ins Herz gegeben, mir 150 Dollar zu schicken — beinahe doppelt soviel, wie ich für die Abschlagszahlung brauchte.

Später erfuhr ich, daß der Mann zuerst vorgehabt hatte, das Geld mit gewöhnlicher Post zu schicken, aber der Heilige Geist drängte ihn, es telegrafisch an mich zu überweisen. Das Erstaunliche an der Sache ist, daß der Zeitpunkt, zu dem er sich geleitet fühlte, das Geld telegrafisch zu überweisen, genau der Augenblick war, in dem ich anfing, Gott für meine Situation zu preisen!

Es fiel mir erst später ein, daß es, natürlicherweise gesehen, gefährlich gewesen war, die Kinder den beiden fremden Männern zu überlassen. Aber eigentlich müssen doch die Babysitter, die Gott besorgt, vertrauenswürdig sein, oder nicht? Ich behaupte nach wie vor, daß man vor nichts Angst zu haben braucht, da doch Gott alles unter Kontrolle hat.

Auf jeden Fall habe ich gelernt, daß diejenigen, die auf der Lobpreisstraße wohnen, mit den besten himmlischen Segnungen überschüttet werden. Wenn man Gott inmitten von leeren Bankkonten und schweren Zeiten preist, öffnet er die Fenster des Himmels und erhält einen glücklich in Jesus.

Wie gut erinnere ich mich an die Rechnungen, die sich während der Krankheit meiner Frau im Jahre 1953 auf meinem Schreibtisch stapelten! Sie war von rheumatischem Fieber befallen und so krank, daß ich schließlich meinen Dienst als Evangelist aufgeben mußte, um für die Familie sorgen zu können. Ich konnte meine Frau in ihrem Zustand nicht allein lassen und hatte auch kein Geld, um jemanden zu bezahlen, der bei ihr sein konnte.

Wochen vergingen, und ich war ohne jegliches Einkommen. Ich verpfändete unsere Möbel, aber das Geld war ebenfalls bald verbraucht, und ich hatte gar nichts mehr. Dennoch war ich entschlossen, den Herrn weiter zu preisen.

Während jener Zeit äußerster Armut und Not forschte ich in Gottes Wort wie nie zuvor, in der Hoffnung, irgendeine Antwort auf unser Problem zu finden. Eines Tages stieß ich zufälligerweise auf 2. Korinther 9, 6—8, und Gott sprach auf eine Weise zu mir, die ich nie mehr vergessen werde:

> *Dies aber sage ich: Wer sparsam sät, wird auch sparsam ernten, und wer freigebig sät, wird auch freigebig ernten.*
>
> *Ein jeder, wie er sich in seinem Herzen vorsetzt: nicht mit Verdruß oder aus Zwang, denn einen fröhlichen Geber hat Gott lieb.*
>
> *Gott aber ist mächtig, jede Gnade gegen euch überströmen zu lassen, auf daß ihr in allem, allezeit alle Genüge habend, überströmend seid zu jedem guten Werke.*

Es läßt sich nicht mit Worten beschreiben, welche Gefühle in mir aufstiegen, während ich diesen Abschnitt las. Paulus spricht hier von dem Plan, den Gott in bezug auf den geistlichen und finanziellen Wohlstand des Menschen hat. Beim Lesen dieser Verse fielen mir drei Hauptpunkte in seiner Botschaft auf.

Erstens: Wir ernten, was wir säen. Wenn wir nur wenig säen, ernten wir auch nur wenig. Wenn wir viel säen, ernten wir auch viel. Als ich über unsere Armut nachdachte, mußte ich erkennen, daß dieser Bibeltext mir ganz allein die Verantwortung dafür zuschob. Wenn ich so sehr wenig Einkommen hatte, dann nur deshalb, weil ich nicht genug „gesät" hatte.

Als zweites betont Paulus, daß wir in einer fröhlichen Haltung geben müssen. Gott möchte, daß seine Kinder mit Lob und Dank ihr Geld „säen", nicht mit Verdruß in ihrem Herzen.

Endlich weist Paulus darauf hin, daß Gott, wenn er uns finanziell besonders segnet, möchte, daß wir diesen Segen mit weniger Glücklichen teilen, damit auch sie ihm für seine Güte danken.

Nun, nachdem ich diesen Abschnitt aus dem 2. Korintherbrief gelesen hatte, gab ich Gott das Versprechen, ich würde in Zukunft freigebig „säen", wenn er uns nur etwas zum „Säen" beschaffen würde. Und genau das tat er. Nachdem ich über einen Monat lang nicht einen einzigen Dollar Einkommen gehabt hatte, erhielt ich schließlich fünf Dollar durch die Post zugesandt. Dieses Geld kam von einem Freund, dem Gott es aufs Herz gelegt hatte, unsere Last mitzutragen. Fröhlich und mit einem Herzen voll Lob gab ich dem Herrn davon einen ansehnlichen Teil.

Umgehend erschien Gott von neuem auf dem Schauplatz. Eine Frau aus Evanston/Illinois, der ich noch nie begegnet war, schickte mir 25 Dollar. Ich schrieb ihr einen Dankesbrief und erhielt als Antwort von ihr eine Geldanweisung über 100 Dollar!

Ich pries den Herrn nun noch mehr und gab auch von diesen beiden Beträgen einen guten Teil für das Werk des Herrn. Wie hätte es anders sein können, als daß der Herr fortfuhr, uns zu segnen, sowohl in geistlicher als auch finanzieller Hinsicht!

Dann kam der unvergeßliche Sonntagabend, an dem der Herr meine Frau heilte, als ich ihr den 27. Psalm vorlas. Mutig stand sie aus ihrem Bett auf und bekannte: „Der Herr ist meines Lebens Kraft."

Nun hatte der Herr an jenem Sonntag meine Frau zwar wunderbar geheilt, trotzdem folgte natürlich eine Zeit, in der sie ihre verloren gegangenen Kräfte wiedergewinnen mußte. Meine lieben Eltern kamen für diese Zeit aus Oregon zu uns, um für die Kinder zu sorgen. Dadurch war ich frei, wieder in den Dienst zu gehen.

Zehn Monate lang erhielt ich jeweils eine Geldanweisung über 100 Dollar von jener lieben Frau in Evanston. Ich pries Gott für jeden Cent dieses Geldes, gab immer einen Teil davon ab und konnte allmählich meine Rechnungen begleichen.

Nun hätte ich zwar, um kein Risiko einzugehen, das *ganze* Geld für meine Rechnungen verwenden können. Viele von uns sind zuzeiten versucht, so zu handeln oder nicht? Es gibt eine alte Geschichte aus den Südstaaten, die dies sehr deutlich illustriert:

Ein rauher Farmer stand auf den Stufen seiner baufälligen Hütte, als ein Fremder anhielt und um ein Glas Wasser bat.

„Wie steht's mit Ihrer Baumwolle?" fragte der Fremde.

„Hab' keine", erwiderte der Farmer.

„Haben Sie denn keine gepflanzt?" wollte der Fremde wissen.

„Nee", kam die Antwort, „hab' Angst vor Baumwollkäfern gehabt."

„Nun ja", fuhr der Besucher fort, „wie steht Ihr Mais denn?"

„Hab' keinen gepflanzt", lautete die Antwort, „hatte Angst, es würde keinen Regen geben."

Der Besucher gab noch nicht auf: „Wie sieht's denn mit Ihren Kartoffeln aus?"

„Hab' keine; hatte Angst vor Kartoffelkäfern."

„Also wirklich, was haben Sie denn angepflanzt?" drängte der Fremde.

„Nichts", war die ruhige Antwort, „ich bin einfach kein Risiko eingegangen!"

Vielleicht sind manche von uns mit ihrem Geld auch „kein Risiko eingegangen". Wenn das unsere Entscheidung ist — Gott läßt uns machen. Wir können alles für uns behalten. Aber wenn wir eine gute Ernte an Segen einbringen wollen, müssen wir im Glauben *säen* — und mit Lobpreis gießen. Das ist der Weg zum Wohlstand — sowohl geistlich als auch materiell gesehen.

13. Wie man mit hoffnungslosen Situationen fertig wird

Die wohl großartigste Erfahrung, die ich in meinem Leben des Lobpreises machen durfte, wurde mir im Frühjahr 1967 geschenkt. Ich hatte eine Gruppe von Leuten gefunden, die mit mir ins Heilige Land reisen wollten.

Bei unserer Ankunft in Montreal/Quebec erfuhren wir, daß die Reisegesellschaft, mit der wir zusammenarbeiteten, Bankrott gemacht hatte. Als Reiseleiter fiel mir nun die unangenehme Aufgabe zu, der Gruppe mitzuteilen, jeder müsse noch Geld zulegen, wenn wir unsere Reise fortsetzen wollten. Ich selbst wurde auf diese Weise meine 200 Dollar an Reiseschecks los, und es verblieb mir ein Gesamtvermögen von 16 Dollar 71 Cents — eine nicht gerade beneidenswerte Summe!

Als ich dort im Flughafengebäude saß, zog ich meine Brieftasche hervor und fing an, sie nochmals auf ihren Inhalt zu überprüfen. Ich war der Verzweiflung nahe. Wie sollte ich bloß um die halbe Welt fliegen, mit nur 16 Dollar 71 in der Tasche? Kaum hatte ich diesen Gedanken zu Ende gedacht, als ich die leise Stimme des Herrn in meinem Herzen vernahm: „Preise mich nur und warte ab!" So einfach war das.

Als ich daraufhin anfing, den Herrn für diese Situation zu preisen, wurde die Last auf meinem Herzen leichter. Ich *wußte* plötzlich, daß der Herr für mich sorgen würde. Alles mochte noch so schlimm aussehen — trotzdem würde Gott Herr der Lage bleiben.

Während wir über den Atlantik flogen, konnte ich mich eines Gefühls freudiger Erwartung nicht erwehren. Ich kam mir fast so vor, als wäre ich wieder Kind geworden und Heiligabend stände vor der Tür. Ich wußte, daß Gott Überraschungen für mich bereithielt; nur wie diese Überraschungen aussehen würden, das wußte ich noch nicht.

Die Überraschung aber, die wir schließlich erlebten, übertraf alles, was unsere Reisegruppe sich vorgestellt hatte: Aufgrund von Schwierigkeiten mit den Flugplänen wurden wir in drei Gruppen aufgeteilt. Man stelle sich meine Überraschung vor, als ich entdeckte, daß eine dieser drei Gruppen aus einer einzigen Person bestand — nämlich mir!

In Zürich angekommen, versuchte ich schleunigst, meinen Koffer wiederzubekommen, denn darin befand sich beinahe mein gesamter Besitz an Kleidung. Wie soll ich meine Gefühle beschreiben, als ein Schweizer Beamter mir kleinlaut eröffnete, mein Koffer sei irrtümlicherweise nach Kanada zurückgeschickt worden! Wenn du jemals etwas Ähnliches erlebt hast, weißt du, wie ich empfand.

Gleichzeitig dachte ich: „Das ist wirklich lächerlich! Ich bin einer furchtbaren Nachlässigkeit zum Opfer gefallen. Ich werde diesen unfähigen Beamten schon klarmachen, was ich davon halte, daß man einen solchen Bock schießen kann!"

Während ich mir in Gedanken gerade den genauen Wortlaut zurechtlegte, wie ich diesen Leuten Bescheid sagen würde, ermahnte mich der Heilige Geist: „Bist du nicht der Mann, der überall über die Macht des Lobpreises predigt?"

Für einen Moment rebellierte ich. „Natürlich", dachte ich, „aber ich bin ja gut 15000 Kilometer von zu Hause weg; keiner kennt mich hier. Und wenn ich heuchle, merkt das bestimmt keiner."

Gerade überdachte ich das Wort „heucheln", als die Stimme des Heiligen Geistes antwortete: „Es stimmt, daß dich hier keiner kennt, aber ich kenne dich, und ich beobachte dich!"

Damit hatte er gewonnen!

Ich hob den Kopf und sagte leise: „Danke, Herr; du hast mein Leben, meine Kleider, ja, alles noch immer in deiner Hand!"

Und während ich dort still den Herrn pries, fiel mir die Bibelstelle Jesaja 61, 3 ein, wo der Herr verspricht, uns *„ein Lobpreiskleid statt eines verzagten Geistes"* zu geben. Als ich über die Bedeutung des „Lobpreiskleides" nachdachte, kam ich zu dem Schluß, wenn der Herr es wünsche, daß das meine Bekleidung sein solle, wäre mir das nur recht. Meine Kleider waren zwar eine halbe Weltreise von mir entfernt — aber das „Lobpreiskleid" konnte ich trotzdem tragen.

So unglaublich es klingen mag: Die Kleidung, die ich am Leibe trug und die das einzige war, was ich während der nächsten 16 Tage anzuziehen hatte, blieb während der ganzen Reise sauber und sah immer aus wie frisch gebügelt. Ich hatte nichts weiter zu tun, als jeden Tag mein „Lobpreiskleid" anzulegen, und der Herr ließ mich in jeder Hinsicht „obenauf" sein.

Als ich nach Rom und Beirut weiterflog, überlegte ich, was mich auf dieser Reise wohl sonst noch alles erwarten werde. Die ganze Zeit über ging mir der Vers Philipper 4, 19 nicht aus dem Sinn: *„Mein Gott aber wird allen euren Mangel ausfüllen nach seinem Reichtum in Herrlichkeit in Christus Jesus."* An dem Abend, an dem ich mit nur einem Notgroschen in der Tasche in Beirut/Libanon ankam, war ich demzufolge für ein Wunder Gottes bereit!

Der libanesische Zollbeamte, der mich abfertigen wollte,

verstand kein Englisch, und ich meinerseits verstand leider kein Wort Arabisch. Als wir uns so gestikulierend gegenüberstanden, kam ein freundlicher Herr der Alitalia-Fluggesellschaft herbei.

„Vielleicht kann ich Ihnen behilflich sein", meinte er.

Ich hatte ihm kaum die Hälfte meiner Geschichte erzählt, als er mich unterbrach: „Gestatten Sie mir, Sie als Gast von Alitalia zu betrachten!"

Ein Gast von Alitalia! Ich traute meinen Ohren kaum. Wer? Ich? Weshalb? (Ich wußte keine Begründung — es sei denn, man wollte sich für den Verlust meines Gepäcks revanchieren.) Gott war tatsächlich dabei, ein Wunder zu tun — und was für ein Wunder, wie sich herausstellen sollte! Die Fluggesellschaft besorgte mir die luxuriöseste Hotelunterkunft, die ich je gesehen hatte; und um allem die Krone aufzusetzen, bekam ich auch meine Mahlzeiten umsonst!

Jetzt, da ich in Beirut war, wußte ich, mein Problem würde bald gelöst sein. Meine Frau hatte versprochen, telegrafisch Geld zu überweisen, also mußte ich nur auf irgendeine Weise zu einer Bank gelangen, um dort das Geld in Empfang nehmen zu können.

Am Freitag morgen rief ich ein Taxi an und erklärte dem Fahrer die Lage.

„Hören Sie", sagte ich, „ich habe zwar im Augenblick kein Geld, die Fahrt zu bezahlen, aber ich möchte gern zur Chase Manhattan Bank gebracht werden. Dort liegt Geld für mich bereit, das telegrafisch überwiesen worden ist."

Der Taxifahrer willigte ein und fuhr mich bergauf, bergab durch das hügelige Beirut bis zur Bank. Als wir ankamen, mußten wir feststellen, daß die Tür verschlossen war! Der Taxichauffeur war sichtlich bestürzt. „Mein Herr", sagte er, „das habe ich ganz vergessen: Heute ist ja Karfreitag, da sind die Banken geschlossen."

Ich war vermutlich ebenso bestürzt wie er, nur zeigte ich es nicht so offen.

Nach einem kurzen Stoßgebet bat ich den Taxifahrer, mich zur jordanischen Luftfahrtgesellschaft zu bringen, weil ich damit nach Jerusalem fliegen solle.

Im Taxi betete ich still vor mich hin: „Herr, was soll ich nur tun?" Eigentlich war diese Fahrt zur Fluggesellschaft lediglich dazu gedacht, den Fahrer hinzuhalten, während ich auf eine Antwort vom Herrn wartete.

Nach der nächsten Straßenbiegung spürte ich plötzlich, daß der Herr mich zum „House of Tours" wies, der Agentur, die viele Reisen ins Heilige Land organisiert.

Dem Taxichauffeur war es recht. Ich schuldete ihm bereits einige Dollar, und er war nicht gewillt, mich aus den Augen zu lassen! Ich hatte das Gefühl, daß er schon die Möglichkeit erwog, meinen Mantel als Fahrpreis zu nehmen!

Als wir endlich beim „House of Tours" ankamen, stellte ich mich den verantwortlichen Herren vor, und sie erkannten sofort an meinem Namen, daß ich der Organisator einer Reisegesellschaft aus Kanada war.

Inzwischen war der Taxifahrer mein unzertrennlicher Begleiter geworden, war er doch aufs äußerste besorgt um sein Geld! Nie werde ich den Ausdruck der Erleichterung auf seinen Zügen vergessen, als einer der Angestellten der Reiseagentur das Fahrgeld für mich bezahlte.

Nachdem der Mann gegangen war, nahm ich auf dem mir angebotenen Stuhl Platz und sagte still: „Danke, Jesus! Du führst mich einen Schritt um den andern."

In meinem Herzen pries ich den Herrn weiter, während ich den Angestellten kurz meine mißliche Lage klarmachte. Sie meinten, es sei dringend notwendig, daß ich sofort weiterreise, um mich der Gruppe in Jerusalem wieder anzuschließen. Ich erklärte ihnen daraufhin, daß ich zwar eine Fahrkarte, aber kein Geld hätte.

Einer der Männer fragte: „Wieviel brauchen Sie?"

„Vielleicht 50 Dollar", erwiderte ich.

„50 Dollar!" riefen sie gleichzeitig, „das reicht keinesfalls!"

„Nun", meinte ich, „200 Dollar würde dann vielleicht besser sein."

Das hielten sie immer noch für zu wenig.

Ich war aufs äußerste erstaunt, daß zwei mir gänzlich fremde Männer sich anschickten, mir soviel Geld zu leihen — wo sie doch nichts von mir wußten, als was sie von meinen Reisegefährten aus Kanada erfahren hatten.

Schließlich nahm einer der Männer das Wort: „Herr Gossett, wir werden Ihnen 500 Dollar leihen, damit Sie weiterkommen."

„500 Dollar!"

Jetzt war es an mir, erschüttert zu sein. In meinem Herzen stieg heißer Dank auf: Gott hatte auf meinen Lobpreis geantwortet!

Noch am selben Tag kam ich spätabends in Jordanien an. Während ich die letzte Strecke von 80 Kilometern nach Jerusalem zurücklegte, schlug mein Herz schneller bei dem Gedanken, daß ich mich nun in dem Land befand, wo mein Herr gelebt hatte! Es war für mich ein packendes Erlebnis, nun dort zu sein.

Fünf aus unserer Gruppe saßen gerade in der Eingangshalle des Hotels beisammen, als ich ankam. Sie waren erstaunt, mich zu sehen, hatten sie doch tagelang erfolglos nach mir geforscht. Eine Frau sagte mir sogar später, sie sei beinahe ebenso entsetzt gewesen wie die Jünger in der Nacht es waren, als sie Jesus auf dem Wasser sahen! Ich war vermutlich genauso erstaunt — nicht über die Tatsache, daß ich dort sein konnte, sondern weil der Herr alles so eigenartig arrangiert hatte. Ich glaube noch heute, daß Gott diese Serie herrlicher Wunder nicht getan hätte, wenn ich mir nicht fest vorgenommen hätte, ihn in allem zu preisen und ihm Dank zu sagen.

Ich habe eingesehen, daß mein Umzug in die Lobpreisstraße einer der wichtigsten Schritte in meinem Leben gewesen ist. Wie andere Menschen, die ebenfalls den Herrn preisen, konnte auch ich sehr bald feststellen, daß sich durch echten Lobpreis nicht nur meine Einstellung den „schlimmen" Situationen gegenüber veränderte, sondern daß die Situationen selbst sich auch oft änderten.

Wenn wir Gott preisen, „wissen wir, daß denen, die Gott lieben, alle Dinge zum Guten mitwirken" (Römer 8, 28). Wenn wir dem Herrn eine Situation übergeben, gestatten wir ihm damit, das Beste daraus zu machen.

Eine der besten Illustrationen dieses Prinzips ist in der Apostelgeschichte zu finden, nämlich die Geschichte von Paulus und Silas, die ja zwei der bekanntesten Bewohner der Lobpreisstraße sind.

Paulus und Silas waren aufgrund falscher Beschuldigungen im Gefängnis von Philippi gelandet. Vor wenigen Stunden erst hatte man sie ausgepeitscht, und ihr Rücken war zerfetzt und geschwollen. Ihre Füße steckten im Stock — ein hartes, brutales Strafmittel. Jede Bewegung verursachte ihnen zusätzliche Schmerzen. Gemessen an den Normen der Welt, hätten diese Männer allen Grund gehabt zu jammern.

Aber taten sie das? Keineswegs! Auch saßen sie nicht untätig herum und wünschten nur, aus ihrer „bösen" Lage heraus zu sein. Statt dessen waren sie entschlossen, Gott Loblieder zu singen.

Und Gott reagierte! Die Bibel sagt, daß „*... plötzlich ein großes Erdbeben geschah, so daß die Grundfesten des Gefängnisses erschüttert wurden; und alsbald öffneten sich alle Türen, und aller Bande wurden gelöst*" (Apostelgeschichte 16, 26).

Gott bleibt jedoch nie auf halbem Wege stehen: Die Bibel berichtet weiter, daß aufgrund dieses Wunders sowohl der Gefängnisaufseher als auch seine ganze Familie sich bekehrten!

Dieses alles soll beweisen, daß Gott selbst die hoffnungsloseste Situation ändern kann und will, wenn wir sie ihm mit Lobpreis übergeben.

Keine Situation ist wahrhaft hoffnungslos. Durch alle Jahrhunderte hindurch haben Christen festgestellt, daß bei Gott kein Ding unmöglich ist. Vor vielen Jahren schrieb ein unbekannter Gläubiger die folgenden Zeilen:

> *Damals, als es in den Personenzügen noch kein Licht gab, fuhr ich einmal mit der Bahn in eine weit entfernte Stadt. Die Strecke führte durch mehrere Tunnel; so konnte es nicht ausbleiben, daß die Waggons von Zeit zu Zeit in dichte Finsternis gehüllt waren. Neben mir saß ein sympathischer Engländer. Wir unterhielten uns gerade angeregt, als wir in einen langen, durch einen Berg gehauenen Tunnel einfuhren und es in unserem Abteil stockdunkel wurde. Mein Begleiter, der ein Christ war, hatte diese Strecke schon viele Male zurückgelegt. Beruhigend sagte er: „Kopf hoch, mein Freund! Wir stecken nicht in einem Sack — am andern Ende ist ein Loch!“ Ich habe seine Worte nie vergessen. Sie haben mich später noch oft ermuntert, wenn es durch dunkle Abschnitte in meinem Leben ging.*

Deshalb, preise den Herrn! Ganz gleich, wie dunkel der Tunnel auch sein mag, mit Lobpreis wirst du hindurchkommen. Und wenn wir bereit sind, mit unserm Lobpreis wirklich ernst zu machen, ist der Herr mehr als bereit, auch mit uns ernst zu machen. Nur so können wir damit rechnen, daß wirklich große Wunder geschehen.

14. Siebzig mal sieben

Als ich vor nicht allzulanger Zeit in Los Angeles war, kam nach einer Versammlung eine Frau zu mir und sagte: ,,Don, Gott hat seinen Finger auf die Dinge in meinem Leben gelegt, die zwischen ihm und mir stehen. Seit ich verheiratet bin, haben mir meine Schwiegereltern das Leben so schwer gemacht, wie sie nur konnten. Ich bin jetzt so weit, daß ich sie fast hasse. Ich weiß, daß das nicht richtig ist, Don, aber ich weiß nicht, was ich daran machen kann.“

Diese Frau war so ehrlich, daß ich mich innerlich gedrungen fühlte, ihr zu helfen.

Ich erklärte ihr, daß Jesus gesagt habe, seine Gnade würde uns für solche Situationen genug Kraft geben und daß wir ihn nur um seine Hilfe zu bitten brauchten.

Als wir dann Gott im Gebet um die Kraft des Herrn für diese Lage anriefen, liefen ihr die Tränen über die Wangen. Sie sagte dem Herrn, wie bitter sie geworden sei, und bat ihn aufrichtig um seine Hilfe.

Sobald sie mit Beten innehielt, schlug ich ihr vor, sie solle versuchen, Gott für ihre Schwiegereltern zu preisen.

Für einen Augenblick schien sie sich gegen diesen Gedanken zu sträuben. Schließlich kam sie aber doch dahin, daß sie ausrief: ,,Herr, ich danke dir und preise dich für meine Schwiegereltern; ja, Herr, ich *kann* und ich *will* und ich *werde* ihnen vergeben!“

Welch eine Freude, miterleben zu dürfen, wie diese Frau ihre Last am Fuß des Kreuzes niederlegte!

Zwei Tage später kam sie wieder zu mir und berichtete, was geschehen war.

Sie war unverzüglich zum Haus ihrer Schwiegereltern gegangen und hatte sich mit ihnen ausgesprochen, wobei sie in ihrem Herzen den Herrn pries. In dieser Herzenseinstellung hatte der Herr Jesus sie mit Liebe für ihre Schwiegereltern erfüllen können.

Sie hatte ihnen gesagt, wie bitter sie ihnen gegenüber geworden sei und sie dann um Vergebung gebeten.

Nachdem sie sich alles vom Herzen geredet hatte, versöhnte sie sich mit ihren Schwiegereltern, und beide Seiten fühlten sich von nun an enger miteinander verbunden, als es je zuvor möglich gewesen war.

Ich bin überzeugt, daß eines der kostbarsten Dinge, die die Bewohner der Lobpreisstraße ihr eigen nennen, die Kraft zu vergeben ist. Diese Kraft kannst du mit noch so großen Geldsummen nicht erwerben, aber sie wird dir auf deine Bitte hin geschenkt, wenn du es lernst, Gott für Menschen, die dich verletzt haben, zu preisen.

Nicht-Vergebenwollen ist wie ein Krebsgeschwür. Es fängt als kleines, harmlos aussehendes Fleckchen an, aber wenn man es wachsen läßt, wird es am Ende ein großer häßlicher Tumor, der das geistliche Wachstum praktisch zum Erliegen bringt.

In San Francisco sagte mir eine kleine chinesische Frau nachdrücklich, es habe keinen Zweck, daß sie für ihre Heilung mit sich beten lasse, wenn sie zuvor allen Menschen vergeben müsse. Ein gewisser Mann, so sagte sie, habe ihr sowohl in körperlicher als auch seelischer Hinsicht viel Leid zugefügt, und sie weigere sich einfach, ihm zu vergeben. Es machte mich traurig, mitansehen zu müssen, wie diese arme Frau die Versammlung verließ, ohne körperlich und geistlich gesund geworden zu sein.

In solchen Fällen frage ich mich oft, wem mehr Schaden

zugefügt wird — dem Menschen, der den Groll hat, oder jenem, der ihm anfänglich Unrecht zugefügt hat. So gut wie immer, glaube ich, leidet derjenige größeren Schaden, der den Groll hegt und seine Seele mit Bitterkeit erfüllen läßt! Ich habe viele derartige Fälle gesehen, in denen Menschen dem Geist der Unversöhnlichkeit so lange Raum gaben, bis Satan sie dadurch körperlich krank machen konnte.

Mit den Jahren habe ich festgestellt, daß der einfachste Weg zur richtigen Einstellung Gott und meinen Mitmenschen gegenüber darin besteht, daß ich ihn weiter preise, auch wenn andere mir Unrecht tun. Solange ich mich dazu durchringe, merke ich, daß der Groll einfach weichen muß. Welch eine Erleichterung, von der Last des Nicht-Vergebenkönnens befreit zu werden!

Diese Freiheit kannst du tatsächlich so lange genießen, wie du selbst es wünschst. Die Bibel sagt deutlich, daß die Bereitschaft, zu vergeben, nicht nur gelegentlich unsere Verantwortung ist. Dagegen sollen wir durch Jesus denen, die uns ungerecht behandeln, ständig vergeben.

Petrus kam einmal mit der Frage zu Jesus: *„Herr, wie oft soll ich meinem Bruder, der wider mich sündigt, vergeben? bis siebenmal?“* (Matthäus 18, 21).

Jesus, so lesen wir, antwortete ihm darauf: *„Nicht sage ich dir, bis siebenmal, sondern bis siebzig mal sieben“* (Vers 22).

Laßt uns nun zuerst einmal die Frage betrachten, die Petrus stellte, und dann die Antwort, die er selbst vorschlug; beide sind sehr interessant. Die Frage lautet: „Wie oft soll ich vergeben?“ Wie oft muß ich einen Menschen auf mir herumtrampeln lassen, ohne mich zu wehren? Wann darf ich sagen: „So, mein Freund, diesmal bist du aber zu weit gegangen!“?

Das ist die Frage: „Wie oft muß ich vergeben, Herr? Siebenmal?“

Manche von uns würden vielleicht auf Petrus herabsehen und ihn für die Antwort, die er vorschlug, kritisieren. Tatsache ist aber, daß die meisten Christen ziemlich ärgerlich würden, wenn man sie siebenmal hintereinander provozierte. Ich glaube sogar, daß viele sich kaum *zwei-* oder *drei*mal ärgern lassen würden.

Dann aber kommen wir zur Antwort Jesu: „Nein, nicht siebenmal — sondern siebzig mal sieben!"

„Herr", sind wir versucht einzuwenden, „meinst du das wirklich ernst? Willst du wirklich sagen, daß ich einfach vergeben soll, vergeben und nochmals vergeben? Meinst du wirklich, daß ich nie zurückschlagen darf? Meinst du damit, daß ich mich nicht für meine eigene Sache einsetzen darf, wenn andere mich übervorteilen?"

„Ja", sagt der Herr, „genau das meine ich damit. Vergib — wenn nötig, sogar siebzig mal sieben!"

Von Martin Luther ist eine alte Geschichte überliefert worden, die diese Sache sehr schön illustriert. In der Geschichte heißt es, daß zwei Bergziegen sich auf einem schmalen Felsgesims begegneten, das gerade für eines der Tiere breit genug war. Links befand sich eine steil aufragende Felswand und rechts ein tiefer See.

Die zwei Ziegen standen sich unschlüssig gegenüber. Was sollten sie machen? Rückwärts gehen konnten sie nicht, das war zu gefährlich; sich umdrehen konnten sie auch nicht, das Gesims war zu schmal.

Hätten nun diese zwei Ziegen nicht mehr Verstand besessen als manche Leute, dann wären sie Stirn an Stirn stehengeblieben und hätten sich so lange gegenseitig gestoßen, bis sie in den See gestürzt wären. Aber, so schreibt Luther, Ziegen sind nicht so dumm! Eine von beiden legt sich in einem solchen Fall nämlich auf den Weg und läßt die andere buchstäblich über sich laufen — und beide befinden sich in Sicherheit! Aber sie müssen bereit sein (zumindest eine von ihnen), sich demütig hinzulegen und die andere über sich gehen zu lassen. Wären sie so wie manche von uns, dann würden sie stur an ihrem Platz stehenbleiben und darüber argumentieren, *wer* sich hinlegen und *wer* darüberlaufen solle. Aber — wie gesagt — Ziegen sind manchmal vernünftiger als Menschen.

Vielleicht wendet jemand ein: „Willst du mir sagen, ich müsse andere Leute auf mir herumtrampeln lassen, wie es ihnen gefällt?" Nun, das ist immer noch besser, als das Elend ertragen zu müssen, das der Groll gegen einen Menschen in dir hervorruft.

Jesus hat uns einen triftigen Grund genannt, warum wir vergeben sollen — denselben Grund nämlich, den auch die Volksmenge auf dem Berg der Seligpreisung zu hören bekam: *„Richtet nicht, und ihr werdet nicht gerichtet werden; verurteilt nicht, und ihr werdet nicht verurteilt werden; vergebet, und euch wird vergeben werden"* (Lukas 6, 37).

Wie tröstlich für die, deren Vergebungsbereitschaft groß ist, zu wissen, daß Jesus ihnen in demselben Maße auch vergeben wird!

Wie aber, wenn unsere Fähigkeit zu vergeben nicht so ist, wie sie sein sollte? Wie, wenn wir nicht ganz so vollkommen sind? (Und das schließt uns alle ein.) Was können wir da machen? Ich schlage vor, daß wir versuchen sollten, Gott einfach für die Person oder Gruppe, die uns ärgert, zu preisen. Vielleicht könnten wir damit beginnen, daß wir ihn zunächst für den Menschen preisen, der uns *am meisten* zu schaffen macht. Warum? Weil wir wissen, daß Gott uns selbst diesen Menschen zum Segen werden lassen kann, wenn wir ihn einfach preisen und den Segen akzeptieren, den er schickt.

Die beste Illustration dieses biblischen Prinzips hat wohl Jesus selbst gegeben. Als Petrus ihn über das Thema „Vergeben" befragte, antwortete er mit folgendem Gleichnis:

Deswegen ist das Reich der Himmel einem Könige gleich geworden, der mit seinen Knechten abrechnen wollte.

Als er aber anfing abzurechnen, wurde einer zu ihm gebracht, der 10 000 Talente schuldete.

Da derselbe aber nicht hatte zu bezahlen, befahl sein Herr, ihn und seine Frau und die Kinder und alles was er hatte zu verkaufen, und zu bezahlen.

Der Knecht nun fiel nieder, huldigte ihm und sprach: Herr, habe Geduld mit mir, und ich will dir alles bezahlen.

Der Herr jenes Knechtes aber, innerlich bewegt, gab ihn los und erließ ihm das Darlehen.

Jener Knecht aber ging hinaus und fand einen seiner Mitknechte, der ihm 100 Denare schuldig war. Und er ergriff und würgte ihn und sprach: Bezahle, wenn du etwas schuldig bist.

Sein Mitknecht nun fiel nieder und bat ihn und sprach: Habe Geduld mit mir, und ich will dir bezahlen.

Er aber wollte nicht, sondern ging hin und warf ihn ins Gefängnis, bis er die Schuld bezahlt habe.

Als aber seine Mitknechte sahen, was geschehen war, wurden sie sehr betrübt und gingen und berichteten ihrem Herrn alles, was geschehen war.

Dann rief ihn sein Herr herzu und spricht zu ihm: Böser Knecht! Jene ganze Schuld habe ich dir erlassen, dieweil du mich batest; solltest nicht auch du dich deines Mitknechtes erbarmt haben, wie auch ich mich deiner erbarmt habe?

Und sein Herr wurde zornig und überlieferte ihn den Peinigern, bis er alles bezahlt habe, was er ihm schuldig war.

Also wird auch mein himmlischer Vater euch tun, wenn ihr nicht ein jeder seinem Bruder von Herzen vergebet (Matthäus 18, 23—35).

Einer meiner Freunde sagte einmal: „Der Lobpreis hilft zu vergeben, aber Nicht-Vergebenwollen hindert den Lobpreis." Welch ein wahres Wort! Solltest du feststellen müssen, daß die zweite Hälfte dieses Ausspruchs auf dich zutrifft, möchte ich dir raten, daß du unverzüglich folgende Schritte unternimmst:

Erstens: Bitte den Herrn, dir zu helfen, daß du dem Menschen oder Personenkreis, der dir Unrecht getan hat, wahrhaftig vergeben kannst. Bitte Gott, dir *seine* Liebe für diese Person bzw. Gruppe zu schenken.

Zweitens: Bitte Gott, dir zu helfen, daß du Vergangenes vergessen kannst. Bitte ihn, dein Herz mit Freude, Friede und Lobpreis zu erfüllen.

Drittens: Nimm es dir ganz bewußt vor, Gott für den Menschen bzw. Personenkreis, der dich verletzt hat, zu preisen. Handle nicht deinen Gefühlen gemäß. Beim Vergeben geht es nicht so sehr um das, was du fühlst, als vielmehr um das, was du tust. Handle dem Wort Gottes gemäß! Preise den Herrn, preise ihn immer weiter für jenen Menschen, bis du den Frieden Gottes darüber im Herzen verspürst.

Viertens: Wo es möglich oder praktisch zu verwirklichen ist, geh' auch zu dem Menschen hin, der dir Unrecht zugefügt hat, und laß ihn in der Liebe Jesu wissen, daß du ihm vergeben hast. Vielleicht wirst du sogar überrascht feststellen, daß es ihm gar nicht bewußt war, dich in irgendeiner Weise verletzt zu haben.

Als letztes: Bitte den Herrn, er möge dir helfen, zum regelmäßigen Lobpreis zurückzufinden. Wenn du fortfährst, ihn zu preisen, wirst du ganz neu eine innige Gemeinschaft mit Gott erleben.

Wenn du die hier angegebenen Schritte befolgst, hast du wirklich etwas, wofür du den Herrn preisen kannst; du weißt dann nämlich, daß zwischen dir und deinem Bruder alles in Ordnung ist und daß Gott, der Vater, dir ebenso vergibt wie du deinem Bruder.

Ist das nicht ein Grund, Gott zu preisen?

15. Ein Gossett ist eben ein Gossett!?

Es schmerzt mich noch immer, wenn ich an jenen Tag in meiner Kindheit zurückdenke, da ich zum erstenmal den Entschluß faßte, mich in die Familie Christi hineintaufen zu lassen. Ich nahm allen Mut zusammen, den ich aufbringen konnte, und wandte mich mit meinem Anliegen an einen der Diakone in der Gemeinde, der mich daraufhin sofort mit dem Pastor bekanntmachte.

„Dies ist Donald Gossett", sagte er. „Er ist 13 Jahre alt. Er möchte im Wasser getauft werden und sich unserer Gemeinde anschließen."

Ich wußte, daß der Pastor sich darüber freuen würde. So erwartete ich, daß er fröhlich lächeln würde und daß der Diakon mich in den Arm nehmen und den Herrn dafür preisen würde, daß er mein Leben verändert hatte. Aber statt dessen fuhr der Diakon fort: „Donalds Vater ist der Besitzer der Spielhalle, und seinen Eltern gehört die Kneipe, die sich „Café an der Landstraße" nennt. Außerdem ist sein Vater der Eigentümer der Spielhölle am South Broadway."

Während mich der Diakon auf diese Weise beim Pastor einführte, hielt ich voller Scham den Kopf gesenkt und kämpfte mit den Tränen. Dieser Pastor hatte gar nicht erfahren sollen, womit mein Vater seinen Lebensunterhalt verdiente. Ich war ja zu Christus gekommen und hatte mir vorgenommen, ihm nun auch durch die Wassertaufe und Gemeindemitgliedschaft zu folgen, weil ich ernsthaft bestrebt war, ein besseres Leben kennenzulernen, als das bis jetzt der Fall gewesen war.

Als ich zwölf war, hatte ich in dieser Gemeinde die Wiedergeburt erlebt. Und mit der Zeit — ich besuchte fleißig die Gottesdienste — hatte ich von den älteren Gläubigen gehört, wie wichtig die Wassertaufe und Gemeindemitgliedschaft seien. Deshalb war ich zu dem Schluß gekommen, wenn diese beiden Schritte mich zu einem besseren Christen machen würden, dann wollte ich sie vollziehen.

Zu Anfang kannte ich nur sehr wenig Leute in dieser großen Gemeinde, aber später lernte ich einen Diakon kennen — die einzige zur Gemeindeleitung gehörende Person, die mir bekannt war.

Und zu diesem Diakon war ich eines Abends nach Schluß des Gottesdienstes hingegangen und hatte mich erkundigt, was ich tun müsse, um im Wasser getauft zu werden und mich der Gemeinde anschließen zu können. Er nahm mich mit zum Pastor und stellte mich ihm auf die eben beschriebene Art und Weise vor, die mich, einen schüchternen, zaghaften, ängstlichen Jungen von 13 Jahren, so sehr in Verlegenheit brachte.

Der Pastor erwiderte freundlich: „Donald, wir werden dein Anliegen unserem Gemeindevorstand darlegen und darüber befinden. Du erhältst dann Bescheid."

Immer noch mit gesenktem Kopf, bedankte ich mich und verließ auf schnellstem Wege das Kirchengebäude. Mein Herz war von Schmerz erfüllt, als ich allein im Dunkeln nach Hause ging. Warum hatte der Diakon das sagen müssen? Konnte ich der Tatsache denn nicht entkommen, daß mein Vater ein sündiges Leben führte? Ich wollte mit seinem Geschäft ja gar nichts zu tun haben. Trotzdem war ich gebrandmarkt! Die Lebensführung und der Beruf meines

Vaters würden mich wahrscheinlich mein ganzes Leben lang als zu einer „schlechten Klasse“ gehörig stempeln. Schließlich war ein Gossett eben ein Gossett!

„Es gibt keinen Ausweg für mich“, dachte ich. „Es hat gar keinen Zweck, weiter zu dieser Gemeinde oder irgendeiner andern zu gehen.“ Mein Entschluß war gefaßt: Ich würde nie wieder in eine Kirche gehen.

Fast drei Jahre lang besuchte ich wirklich keinen Gottesdienst. Mein geistlicher Hunger nach Gott und der Bibel war zwar immer noch vorhanden. Jeden Abend sprach ich leise ein Gebet und las auch in Gottes Wort, obwohl ich es nicht verstand. Ich brauchte dringend Unterweisung, meinte aber, niemand wolle sie mir geben.

Es dauerte lange, bis ich erkannte, daß der Diakon mich nicht hatte verletzen wollen. Aber wie gut wäre es doch gewesen, wenn er einfach Gott für mich gepriesen hätte, anstatt über den Ruf, den meine Familie genoß, zu sprechen! Begriff er denn nicht, daß ich nicht so sein wollte wie die übrigen Gossetts? Merkte er nicht, wie sehr er mich, ein Baby in Christus, verletzte? Wußte er nicht, wie empfindlich ich war?

Meine lieben Freunde, wenn einer eurer Brüder oder Schwestern in Christus noch jung im Glauben ist, verletzt sie nicht durch herzlose Bemerkungen! Es kommt nicht auf ihre Vergangenheit an; wenn Jesus sie erlöst hat, dann dürft ihr ihnen nicht weh tun!

„Aber“, wendest du vielleicht ein, „Jerry ist doch ein Dieb.“

Nein, das ist nicht wahr.

„Doch“, sagst du, „Jerry ist zweimal des Diebstahls überführt worden. Also stimmt es: Jerry ist ein Dieb.“

Nein, deine Beweisführung ist nicht richtig. Wenn du nämlich sagst, Jerry sei ein Dieb, dann heißt das, daß Jerry *gestohlen hat* (was unter Umständen wahr ist) und daß er *wieder stehlen wird.* Aber du *weißt* doch gar nicht mit Sicherheit, daß er wieder stehlen wird — oder? Du kannst doch das, was ein Mensch in der Vergangenheit war, nicht auf seinen heutigen Stand übertragen. Niemand sollte das besser verstehen als die Christen. Du begreifst doch bestimmt, welche Veränderung Christus in einem Menschen im Bruchteil von Sekunden bewirken kann! Du weißt auch, daß Christus einen Menschen, der gestohlen hat, so verändern kann, daß er nie wieder stiehlt!

Trotzdem kann man manchmal sogar gläubige Christen sagen hören: „Ein Gauner ist nun einmal ein Gauner — und wenn er mich einmal beschwindelt hat, tut er es auch wieder." Wie unfair ist das! Hättest du es gern, wenn *dich* jemand nach dem beurteilte, was du vor 10 Jahren warst? Oder vor 20 Jahren? Oder vor 30 oder 40 Jahren? Oder — wenn du ganz neu bekehrt bist — nach dem, was du noch letzte Woche warst? Nein, wenn du es lernst, so zu denken wie Jesus, dann weißt du, daß ein Mensch sich in einem Moment ändern kann — und du wirst es nicht wagen, ihn nach seiner Vergangenheit zu beurteilen. Du mußt ihn so annehmen, wie er jetzt ist, und Gott für ihn preisen.

So hat auch Jesus in bezug auf die Menschen gedacht. Ganz gleich, welcher Art die Leute waren, denen er begegnete — er war immer bereit, sie anzunehmen, wenn sie zu ihm kamen. Zöllner, Lügner, Betrüger, Dirnen, Räuber — alle wurden sie von Jesus angenommen. Nie hat er zu einem gesagt: „Bring' zuerst deine Vergangenheit in Ordnung, und dann will ich dich annehmen." Nein, er nahm sie so, wie sie waren, und machte sich dann daran, sie so zu verändern, wie es nötig war.

Seht einmal, wir Christen haben oft einen Tick, wenn es um unsere Denkweise geht. Unsere Wiedergeburt allein ist noch kein Beweis dafür, daß unser gesamtes Denken jetzt in Ordnung ist. Wir müssen es lernen, so zu denken wie Jesus

— und ich bin sicher, daß Paulus gerade dieses gemeint hat, als er in Römer 12, 2 schrieb: „*Und seid nicht gleichförmig dieser Welt, sondern werdet verwandelt durch die Erneuerung eures Sinnes, daß ihr prüfen möget, was der gute und wohlgefällige und vollkommene Wille Gottes ist.*" Für jeden Christen ist die Erneuerung seines Sinnes eine der größten Herausforderungen, denen er gegenübersteht, und wenn du darauf hörst, was der Heilige Geist dir in diesem Kapitel zu sagen hat, kannst du in deinem geistlichen Wachstum ein gutes Stück vorankommen und es besser lernen, Gott für andere Menschen zu preisen.

Vielen von uns fällt es schwer, Gott für unsere Nachbarn auf der Lobpreisstraße zu preisen, weil wir ihre Vergangenheit einfach nicht vergessen können:

Vor 15 Jahren war Sally Jones ihrem Mann untreu; und obwohl diese Sache längst bereinigt ist, sie sich bekehrt hat, in die Lobpreisstraße gezogen ist und sich mit ihrem Mann bestens versteht, wird sie in der Vorstellung mancher Menschen nie etwas anderes sein als ein Straßenmädchen.

Vielleicht liegt ein ähnliches Problem auch in deiner eigenen Familie vor. Als du und deine Frau heirateten, konnte sie vielleicht nicht allzugut mit Geld umgehen. Und obschon sie in der Zwischenzeit viel gelernt hat, erinnerst du sie immer noch daran, was für ein Verschwender sie ist.

Lieber gläubiger Freund, sollten wir nicht anfangen, Gott füreinander zu preisen, anstatt immer wieder die unglückselige Vergangenheit auszugraben?

Manchmal tun wir anderen Menschen auch weh, indem wir sie „klassifizieren", das heißt indem wir voraussetzen, daß bestimmte Gruppen von Menschen alle gleich sind. Wir merken zum Beispiel, daß Herr Ruben sich aufs Geldmachen versteht, was uns einen Kommentar entlockt wie: „Nun, ein Jude ist eben ein Jude, das läßt sich nicht verleugnen!" Mit anderen Worten: Die Juden sind alle gleich;

sie haben alle ihre Finger im Geld. Aber, wenn du einmal ehrlich darüber nachdenkst, *weißt* du, daß das nicht stimmt. Jude Nr. 1 ist nicht gleich Jude Nr. 2 oder Nr. 3. Es ist weder eine logische, noch eine christliche Beweisführung zu sagen: „Ein Jude ist eben ein Jude."

Natürlich gibt es neben den Juden noch viele andere Gruppen von Menschen, die man auf solche Art und Weise kränkt.

Vielleicht sagen wir: „Ach, wieder eine Frau am Steuer!" — was soviel heißt, daß alle Frauen *schlechte* Autofahrer sind. Oder wir sagen: „Natürlich wieder ein Rothaariger!" — was besagen soll, daß alle Rothaarigen ein hitziges Temperament haben. Und in eben dieser Weise verletzen wir oft auch die Neubekehrten. Wir werfen Menschen in einen Topf und schenken ihren Verschiedenheiten gar nicht genug Beachtung. Weißt du, Neubekehrter Nr. 1 ist eben nicht gleich Neubekehrter Nr. 2. Rotschopf Nr. 1 ist nicht gleich Rotschopf Nr. 2. Frau am Steuer Nr. 1 ist nicht gleich Frau am Steuer Nr. 2. Gossett Nr. 1 ist nicht gleich Gossett Nr. 2!

Wie froh bin ich, daß kurz vor meinem 16. Geburtstag eine besondere evangelistische Woche in unserer Schule durchgeführt wurde. Der Prediger sprach direkt zu meinem Herzen. Seine Botschaft wurde vom Heiligen Geist dazu benutzt, mich zu Gott zurückzubringen, und gab mir den Anstoß zu einem entschiedenen Christenleben. Ich ging wieder zur Kirche und ließ mich im Wasser taufen.

Dennoch hat es mich schon oft bei dem Gedanken geschaudert, was passiert wäre, wenn ich mich durch die verbale Beleidigung dieses Diakons vom Christenleben hätte abhalten lassen.

Freunde, wir müssen darauf achten, uns nie einer selbstgefälligen, selbstgerechten Haltung gegenüber den anderen schuldig zu machen.

Wenn man Menschen begegnet, auf die herabzusehen man versucht ist, dann habe ich festgestellt, daß es immer am besten ist, Gott für sie zu preisen.

Dadurch, daß man Gott für jemanden preist, bekommt man dieselbe Einstellung diesem Menschen gegenüber, die Gott hat, nämlich eine Einstellung, die von Liebe geprägt ist. Wenn wir Gott für die Menschen preisen, die er uns in den Weg schickt, haben wir teil an seiner Liebe. Und wir können seine Liebe dann auch an diese Menschen weitergeben.

Oft habe ich darüber nachgedacht, daß auch meine Eltern vielleicht früher für den Herrn gewonnen worden wären, wenn nicht eine übereifrige Christin es versäumt hätte, ihr Herz mit liebevollem Lobpreis erfüllen zu lassen.

Kurze Zeit, nachdem ich zum Herrn zurückgefunden hatte, gingen meine Eltern an einem Abend mit zum Gottesdienst. Während zur Entscheidung für Christus aufgerufen wurde, kam eine Seelsorgehelferin an unseren Platz.

„Sind Sie ein Christ?" fragte sie mich.

Ich gab ihr leise zu verstehen, daß es so war.

Dann wandte sie sich an meine Eltern und stellte ihnen dieselbe Frage. Als meine Eltern erwiderten, sie hätten den Herrn noch nicht angenommen, fing diese Frau an, sie auszuschimpfen: „Schämen Sie sich denn nicht? Ihr Sohn ist gläubig und Sie nicht! Los, bekehren Sie sich noch heute abend!" So maßregelte sie meine Eltern mit finsterem Gesicht.

Zu der Zeit waren meine Eltern von ihrer Sünde überführt und fühlten auch, daß sie den Herrn brauchten. Aber die Kritik dieser Frau stieß sie ab. Wieviel mehr hätte diese Christin doch ausrichten können, wenn sie etwa folgendes gesagt hätte: „Wie froh bin ich, daß Sie beide heute abend hier sind, und wie preise ich den Herrn, daß er Sie lieb hat!"

Auf diese Weise läßt es sich auf der Lobpreisstraße fröhlich wohnen: Indem man den Herrn für jeden Menschen preist. Damit behält man die Freude am Herrn nicht nur in seinem eigenen Herzen, sondern trägt sie auch weiter.

16. Keine Luftverschmutzung

Einer meiner ersten Versuche, Gottes Willen zu verstehen, hatte mit meinem gemeindemäßigen Status als junger Prediger zu tun. Ich hatte mich in einer großen Baptistengemeinde bekehrt; ich liebte die Baptisten, war stolz darauf, selbst Baptist zu sein, und die Aussicht, mein Leben als Baptistenprediger zuzubringen, gefiel mir recht gut.

Dann wurde ich mit der herrlichen Wahrheit der Taufe im Heiligen Geist bekannt gemacht. Ich war daran äußerst interessiert, konnte ich doch die Auswirkungen eines geisterfüllten Lebens an guten Freunden und Verwandten beobachten. Jedoch gelangte ich zu der Erkenntnis, daß meine lieben baptistischen Predigerbrüder die Taufe im Heiligen Geist nicht annahmen und daß ich, sollte ich sie wirklich erleben, in Zukunft von der Gemeinschaft mit den Baptisten mehr oder weniger abgeschnitten sein würde.

In San Francisco, wo ich damals eine Bibelschule besuchte, fingen einige der jungen Männer an, allabendlich mit mir um die Erfüllung mit dem Heiligen Geist zu beten. Es waren wunderbare Gebetsstunden, und ich schätzte die Bemühungen dieser jungen Leute sehr, die sich dafür einsetzten, daß auch ich diese pfingstliche Erfahrung machen sollte.

Einige Wochen vergingen, die Gebetsstunden dauerten an, aber ich war immer noch nicht mit dem Heiligen Geist erfüllt worden, wie die Jünger es in der Apostelgeschichte erlebt hatten.

Eines Abends stand ich von meinen Knien auf, sah meine Freunde an und sagte: „Hört mal, Jungs, ich glaube, dies ist gar nicht Gottes Wille für mich. Ich habe den Eindruck, Gott will mich als Baptistenprediger haben, und wenn ich die Geistestaufe erlebe, kann ich keinesfalls Baptistenprediger werden. Nein, Jungs, ich glaube einfach nicht, daß dies Gottes Wille für mich ist."

Rasch erwiderte einer meiner Freunde: „Sag' mal, haben sich die Baptisten nicht jenen berühmten Mann, Johannes den Täufer, zum Vorbild genommen?"

„Doch", gab ich zur Antwort, „der Name »Baptist« kommt von Johannes dem Täufer her."

„Also", fuhr mein Freund fort, „in der Bibel steht, daß Johannes mit dem Heiligen Geist erfüllt war. Warum betest du nicht einfach weiter, bis du auch mit dem Heiligen Geist erfüllt bist? Wenn Gott möchte, daß du Baptistenprediger wirst — uns ist es recht. Wir haben nichts dagegen. Trotzdem, Bruder Don, laß dich mit dem Heiligen Geist erfüllen, dann kannst du *Don der Täufer (Baptist)* werden!"

Diese wohlüberlegte, geistliche Antwort leuchtete mir wirklich ein und veranlaßte mich, weiter um die Erfüllung mit dem Heiligen Geist zu beten. Oh, gepriesen sei der Herr! Wie froh bin ich, daß alle meine Befürchtungen und Vorurteile mich nicht davon abhalten konnten, mich dem Willen Gottes für mein Leben zu unterordnen. Vielen Menschen fällt das so schwer, weil sie Gottes Willen einfach für unangenehm halten. Ist das nicht so? Wie oft hast du schon jemand mit fatalistischer Resignation in der Stimme sagen hören: „Das muß ja wohl Gottes Wille sein, also bleibt mir nichts anderes übrig, als es einfach hinzunehmen!"? Selbst entschiedene Christen lassen sich manchmal zu Aussprüchen verleiten wie: „Ich bin bereit, Gottes Willen zu tun, wenn es auch noch so weh tut!"

Natürlich rufen solche Erklärungen, die von Entschlossenheit und Hingabe zeugen, bei uns allen Bewunderung hervor. Das ist auch gut so. Trotzdem möchte ich sagen: Laß dich nie auch nur für einen Augenblick zu der Ansicht hinreißen, der Wille Gottes sei etwas Ähnliches wie schlechtschmeckende Medizin, die man „nehmen" muß, ob man will oder nicht.

In Wirklichkeit trifft genau das Gegenteil zu: Du wirst nie vollkommen glücklich sein, solange du dich nicht im Zentrum des Willens Gottes befindest. Sein Wille ist gut. Er ist angenehm. Er ist sein Plan für dein Leben. Gott will immer nur das, was für dich am besten ist und was dich am allerglücklichsten macht.

Oft versucht uns der Teufel jedoch damit, daß er uns glauben macht, unser eigener Wille sei besser. Und je länger wir darüber nachdenken, desto mehr umwölkt sich unser Verstand, bis wir schließlich eine törichte Wahl treffen, die nichts als Elend nach sich zieht.

Laßt uns wie David sagen: *„Deinen Willen zu tun, mein Gott, ist meine Lust; und dein Gesetz ist im Innern meines Herzens"* (Psalm 40, 8). Warum sagte er das? Weil er gelernt hatte, daß Gottes Wille gut ist.

Wir müssen den Willen Gottes so sehen, wie Jesus es tat. Er sagte nämlich: *„Meine (Fleisch-)Speise ist, daß ich den Willen dessen tue, der mich gesandt hat, und sein Werk vollbringe"* (Johannes 4, 34).

Verstehst du? Der Wille Gottes ist keine bittere Medizin; er ist *Fleisch.* Wie ein Rinderbraten. Oder ein saftiges Kotelett. Gottes Willen zu tun ist köstlich — denn es bringt Frieden, Freude und Glückseligkeit mit sich. Deshalb, widerstrebe nie dem Willen Gottes!

Ich bin überzeugt, daß dies auch der Grund ist, warum die Luft in der Lobpreisstraße so sauber ist: Die Leute, die da wohnen, tun mit Freuden Gottes Willen. Keiner sträubt sich dagegen oder beklagt sich darüber. Die Atmosphäre kann einfach nirgends besser sein als da, wo Menschen Wohlgefallen am Willen Gottes haben. Es gibt ja soviel Luftverschmutzung um uns her: so viele, die Gottes Willen widerstreben, die sich darüber aufregen und dagegen rebellieren. Wie erfrischend ist es da, wenn man auf einer Straße wohnen kann, wo die Leute *„den Willen Gottes von Herzen tun“* (Epheser 6, 6)!

Gelegentlich begegne ich Menschen, die einfach nicht entscheiden können, was der Wille Gottes in einer bestimmten Situation ist. Verzeih' mir bitte, wenn ich die Sache vielleicht zu einfach hinstelle, aber ich bin überzeugt, daß Gott dir immer seinen Willen offenbaren wird, wenn du nur einige einfache Prinzipien beachtest: Zu allererst mußt du darauf achten, daß deine Motive immer richtig sind. Zweitens darfst du dir die Überzeugung nicht rauben lassen, daß Gottes Wille immer gut für dich ist. Drittens mußt du von ganzem Herzen den Wunsch haben, Gottes Willen zu erkennen. Viertens mußt du viel Zeit mit Gottes Wort verbringen. Und als letztes mußt du fest entschlossen sein, Gottes Willen, wenn du ihn erkannt hast, auch zu *tun.*

Bei manchen ist es zum Beispiel so, daß sie sich mit dem Gedanken tragen, in den geistlichen Dienst zu gehen. Dann aber taucht die Frage auf, wieviel sie dabei verdienen können, und wird zum bestimmenden Faktor bei ihrer Entscheidung. An diesem Beispiel kannst du sehen, wie wichtig es ist, daß man die richtigen Motive hat. Denn wenn wir auch in einer materialistischen Welt leben, in der viele unserer Bedürfnisse sich nur mit Geld befriedigen lassen, so muß für einen Diener Gottes die Gehaltsfrage doch immer zweitrangig sein. Selbstverständlich bin ich der festen Ansicht, daß die Prediger bezahlt werden sollten, heißt es doch in der Bibel: *„... der Herr hat denen, die das Evangelium verkündigen, verordnet, vom Evangelium zu leben“* (1. Korinther 9, 14). Dennoch predigt kein Gottesmann, der eine echte Berufung hat, um des Geldes willen, sondern aus der Freude und dem Wissen heraus, daß er damit Gottes Willen für sein Leben erfüllt.

In meinen jungen Jahren, nachdem ich mit dem Heiligen Geist erfüllt worden war, brannte ein Feuer in mir, das mich einfach zum Predigen trieb. Und Gott gab mir viele Gelegenheiten. Ich fing an, reihum in den Gemeinschaften in der Innenstadt San Franciscos zu predigen. Ich predigte an den Straßenecken. Ich ließ mir keine Gelegenheit zum Predigen entgehen. Oft wurde ich in Gemeinden von Schwarzen eingeladen, wo ich den Wortdienst tun durfte. Aber all das genügte mir immer noch nicht.

Das Feuer, das in meinem Herzen brannte, war nicht zu löschen und hieß mich, das Evangelium, wo nur irgend möglich, zu predigen. Ich konnte mit Paulus sagen: *„Denn wenn ich auch das Evangelium verkündige, so kann ich mich dessen doch nicht rühmen, denn eine Notwendigkeit liegt mir auf; denn wehe mir, wenn ich das Evangelium nicht verkündigte!"* (1. Korinther 9, 16). Also ging ich jeden Nachmittag mit meiner Bibel in der Hand in den nahegelegenen Geary Street Park in San Francisco und predigte dort im Freien.

Zuerst sprach ich gewöhnlich in einer Ecke des Parks zu den Juden, die sich dort zu versammeln pflegten, und ging dann zur anderen Seite, um zu den Heiden zu sprechen. Ich kam mir vor wie Paulus, der auch das Evangelium *„zuerst dem Juden, und dann dem Griechen"* (Römer 1, 16) verkündigte.

Obwohl Gott es zugelassen hat, daß ich jetzt schon seit vielen Jahren für das Evangelium lebe, bin ich mir doch immer der Tatsache bewußt gewesen, daß ich eigentlich ein Prediger ohne festes Einkommen bin. Das heißt, Gott hat mich zum Predigen berufen, und ich predige, weil es mir Freude macht, seiner Stimme zu gehorchen und seinen Willen zu tun. Ob ich Gehalt bekomme oder nicht — ich bin dankbar, daß Gott mich in seinen Dienst gerufen hat.

Noch eine andere Begebenheit aus der Anfangszeit meines Dienstes fällt mir ein: Im Frühjahr 1949 kam der bekannte Evangelist William Freeman zu einer Großevangelisation nach San Francisco. Während dieser fünfwöchigen Evangelisation nahmen Tausende Christus an, und viele Heilungswunder geschahen durch die Kraft Gottes.

So wie die anderen Bibelschüler war auch ich jeden Abend damit beschäftigt, im Gebetsraum Menschen zu Christus zu führen. Es war herrlich, ein Seelengewinner für Christus zu sein und Menschen helfen zu dürfen, daß sie zu Jesus kommen konnten. Ich danke Gott, daß er mir schon am Anfang meines Dienstes eine Last für Seelen aufs Herz legte.

Die Wochen vergingen, und irgend jemand schlug vor, ich solle einen Artikel über die Evangelisation für unsere Bibelschulzeitung *„Die Zeit"* schreiben. Dieser Artikel gefiel dem berühmten Evangelisten so sehr, daß er eines Abends in unseren Schlafsaal kam, um mich zu sprechen. Es war eine große Ehre, von diesem Evangelisten persönlich aufgesucht zu werden, der von vielen Tausenden in San Francisco, einschließlich aller Bibelschüler, hoch verehrt wurde.

Während des Gesprächs lud William Freeman mich ein, als sein persönlicher Assistent mit ihm zu reisen. Ich sagte, ich würde darüber beten und ihm dann eine Antwort geben. Ein paar meiner Freunde hörten von dieser Einladung, und ich wurde fast so etwas wie ein Held. Schließlich war es nicht alltäglich, daß ein Bibelschüler von einem so bekannten Evangelisten gebeten wurde, als sein Assistent mit ihm zu reisen!

Trotzdem schuf diese Einladung für mich eigentlich ein echtes Problem. Ich hatte nämlich plötzlich gegen einen schrecklichen Geist von Hochmut anzukämpfen. Natürlich wußte ich seit langem, daß *„Gott den Hochmütigen widersteht, aber den Demütigen Gnade gibt“* (Jakobus 4, 6). Auch der Ausspruch Jesu: *„... jeder, der sich selbst erhöht, wird erniedrigt werden; wer aber sich selbst erniedrigt, wird erhöht werden“* (Lukas 18, 14) war mir bekannt. Offen gestanden, fühlte ich mich wirklich einigermaßen „erhöht“ durch die Einladung des Evangelisten, mit ihm zu reisen und an seinen Großveranstaltungen teilzuhaben.

Mehrere Tage lang kämpfte ich gegen den Hochmut und gegen den Zwiespalt, der dadurch in meinem Innern ausgelöst wurde, an. Sollte ich die Einladung annehmen oder nicht? Ich wünschte es mir sehnlichst, Freeman begleiten zu dürfen. Dieser Gedanke hatte etwas Anziehendes für mich. Ich war gern mit dabei in großen Evangelisationsveranstaltungen, wo Menschen für Christus gewonnen wurden. Auch schätzte ich den Dienst dieses Evangelisten sehr. Alles das war so begehrenswert für mich, und trotzdem konnte ich mich der Frage in meinem Herzen nicht erwehren: „Ist das der Wille Gottes für mein Leben?“

Ich war so geprägt worden, Gottes Willen für etwas schwer Erkennbares zu halten, das man nur nach langer, schmerzhafter Unruhe bestimmen konnte und nur, wenn man sein Herz ernsthaft erforscht hatte. Wenn ich jetzt zurückschaue, sehe ich ganz klar, daß viele junge Prediger, Bibelschüler und entschiedene Christen ernsthaft nach Gottes Willen suchen. Oft müssen sie die gleiche schmerzhafte Unruhe durchleben, die auch ich damals hatte.

Weil mein Wunsch, Gott zu gefallen, stärker war als alles andere, ging ich schließlich zu dem Evangelisten hin und sagte ihm, ich könne seine Einladung nicht annehmen. Ich bat ihn, für mich zu beten, damit ich es besser lernte, Gottes Willen zu erkennen. Er gab mir ein paar Hinweise aus seiner eigenen Erfahrung und überließ die Entscheidung mir.

Nachdem er von San Francisco zu seiner nächsten Evangelisation in Seattle abgereist war, fuhr ich fort, um die Offenbarung des Willens Gottes zu beten, obschon ich dem Evangelisten meine Entscheidung, ihn nicht zu begleiten, bereits mitgeteilt hatte.

Eines Tages kapitulierte ich dann endlich: Der Stolz über die Einladung eines berühmten Evangelisten, das Gefühl, meinen Mitschülern irgendwie überlegen zu sein oder irgendeine egoistische Einstellung sonst — all das zerschmolz vor der Liebe Jesu. Ich ließ mich einfach in seine Arme fallen und sagte: „Nicht mein Wille, Herr, sondern der deine geschehe."

Interessanterweise dauerte es dann nicht lange, bis ich ein Ferngespräch von Freeman erhielt und wußte, daß die Sache geklärt war. Ich nahm seine Einladung an, und damit begann eins der aufregendsten Abenteuer in meinem Dienst für Jesus.

Nachdem ich nun schon viele Jahre lang versuche, Gottes Willen in allen möglichen Bereichen des Dienstes zu erfüllen, kann ich sagen, daß ich immer dann die größte Befriedigung gefunden habe, wenn ich tat, was Gott von mir wollte.

Gottes Wille ist so, wie wenn man frische Luft tief einatmet — er ist rein, sauber und erfrischend. Nichts anderes, das mir bekannt wäre, kann dir gleichermaßen helfen, beständig Gott zu preisen, als wenn du seinen vollkommenen Plan für dein Leben erfüllst, wie immer er aussehen mag.

17. Soziale Sicherheit

Ein Prediger aus Tennessee mit Namen Stevens war mit seiner Frau hier in Kanada und hielt besondere Gottesdienste in einer großen Gemeinde ab. Die Kinder hatten sie in der Obhut der Großeltern in Tennessee zurückgelassen.

Bruder Stevens gewann nicht nur viele Menschen für Christus, sondern wurde auch von Gott gebraucht, im Namen Jesu Dämonen auszutreiben. Wegen seiner Erfolge auf diesem Gebiet war der Teufel wütend und fing an, Bruder Stevens durch den Gedanken zu quälen, er werde die Stevens-Kinder umbringen.

Bruder Stevens sagte: „Teufel, du bist ein Lügner! Du kannst meine Kinder gar nicht umbringen."

Darauf schien der Teufel zu antworten: „Und ob ich das kann! Ich habe die Füchse, die im Wald hinter deinem Grundstück leben, mit Tollwut belegt!"

Sofort erinnerte sich Bruder Stevens daran, daß Freunde, bevor er von Tennessee abgereist war, ihm berichtet hatten, sie hätten Füchse auf seinem Gelände umherstreifen sehen.

In schlichtem, kindlichem Glauben rief Bruder Stevens drei weitere Gläubige zusammen. Sie vereinten sich im Gebet und zogen im Glauben eine Blutlinie zum Schutz um das Gelände, das den Stevens' gehörte. Schließlich war ihr Grundstück ja Eigentum des Herrn Jesus, und sie und ihre Kinder ebenfalls. Sie waren durch das Blut Jesu „erkauft" worden. So hatten sie die feste Zuversicht, daß ihnen durch die Blutlinie Jesu die Sicherheit, die sie brauchten, zuteil werden würde.

Eine Woche später erhielt Bruder Stevens einen Brief von seinem Bruder in Tennessee. Darin stand: „Heute bin ich spazieren gegangen. Mein Weg führte mich am Rande deines Grundstücks entlang. Und dort, auf der Grenzlinie zu deinem Stück Land, fand ich fünf tote Füchse liegen. Wir haben die Köpfe untersuchen lassen und erfahren, daß sie alle tollwütig waren."

Die Füchse waren tot umgefallen, als sie versuchten, die Blutlinie zu überschreiten! Es liegt tatsächlich eine übernatürliche Sicherheit in dem kostbaren Blut Jesu!

Als ich von dieser Begebenheit hörte, faßte ich den Entschluß, im Glauben eine Blutlinie um unsere Evangelisationsbüros westlich von Cloverdale/British Columbia zu ziehen. Wir hatten ein paar schlimme Einbrüche gehabt, die unsere Büros verwüstet hatten. Nachdem ich mir die Zerstörung angesehen hatte, die durch diese von Satan inspirierten Diebe angerichtet worden war, rief ich meine Frau und Familienmitglieder zusammen. Im Glauben zogen wir rund um den Gebäudekomplex eine Blutlinie. Das war im Jahre 1969. Seitdem ist nie mehr in unsere Büroräume eingebrochen worden. Halleluja! Wir sind in Sicherheit!

Ich habe schon Hunderte von Christen aufgefordert, im Glauben eine Blutlinie um ihr Eigentum zu ziehen. Die Ergebnisse waren oft erstaunlich. Ich glaube wirklich an die Macht des Blutes Jesu und bin sicher, daß Gott unseren kindlichen Glauben ehrt.

Kürzlich wurden mir mein Lieblingsanzug, mein Hemd und meine Krawatte aus dem Hotelzimmer gestohlen, als wir in einer Stadt besondere Gottesdienste abhielten. Und nicht lange danach brachen Diebe in das Zimmer ein, das meine Tochter Judy und die Schwester von Andraé Crouch bei der Veranstaltung „Jesus '74" in Pennsylvania gemeinsam bewohnten, und stahlen 300 Dollar. Daraufhin haben wir die Blutlinie so weit ausgedehnt, daß sie auch Hotelzimmer mit einschließt! So fühlen wir uns jetzt nicht im mindesten mehr unsicher. Wir gehen einfach fröhlich unseren Weg und preisen Gott.

Die Lobpreisstraße ist der sicherste Ort auf der Welt. Wie kommt das?

Durch das Blut Jesu. Sein teures Blut hat uns erkauft. Wir sind sein eigen. Und weil wir ihm gehören, gibt er auf uns acht und hält uns in seiner Hand geborgen.

All dies Reden über soziale Sicherheit! Keiner kann je sozial besser abgesichert sein, als wenn er sich auf das Blut Jesu verläßt und seinen Mund zum Lob Gottes, des Allerhöchsten, öffnet.

In Sprüche 30, 26 steht folgender interessanter Vers: *„Die Klippdachse sind ein Volk ohne Kraft und bauen doch ihre Wohnung in den Felsen hinein“* (Bruns-Übers.). Was ist denn ein Klippdachs? Das ist ein liebenswertes Tierchen mit dichtem Fell, ähnlich einem Kaninchen, aber mit kurzen Ohren, kurzen Beinen und ohne Schwanz.

Der Schreiber der Sprüche sagt also, daß die Klippdachse ein Volk ohne Kraft sind. Solch hilflose kleine Dinger! Und auch so scheu! Dennoch — dennoch bauen sie ihre Wohnung in den Felsen hinein. Sie graben ihren Bau in Risse und Spalten von felsigen Klippen und Höhlen und finden dort Geborgenheit.

Deshalb brauchst du den armen, hilflosen Klippdachs nicht zu bedauern. Er hat nämlich etwas gefunden, was mancher Mann und manche Frau zu finden sich wünschen: Sicherheit! Schutz vor den Gefahren des Lebens! Einen Zufluchtsort im Unwetter! Denn während der Donner kracht und die Landschaft erschüttert, während Blitze über den Himmel zucken, während der Sturm tobt und heult — der Klippdachs ist in Sicherheit.

Wir können von diesem kleinen Kerl lernen. Er huscht in sein Felsloch, sieht sich in seinem felsigen Unterschlupf um, und beinahe kann ich ihn sagen hören: „Ich bin schwach, doch du bist stark." Er schmiegt sich dicht an den Felsen und genießt die Geborgenheit seines kleinen Heimes.

Dann denke ich an die vielen Christen auf der Lobpreisstraße, die in Gott ihre Zufluchtsstätte gefunden haben. Sie fühlen sich noch mehr geborgen als der Klippdachs. Trotzdem gibt es immer gewisse Leute, die diese in Sicherheit lebenden Christen mißverstehen und meinen: „Oh, das ist bestimmt ein starker Christ."

Nein, so etwas wie einen starken Christen gibt es gar nicht — es sei denn, daß er stark im Herrn und in der Macht seiner Stärke ist. In sich selbst ist der Christ ebenso schwach und der Gefahr ausgesetzt wie der Klippdachs. Mich schaudert bei dem Gedanken, was aus unserem Christenleben werden würde, wenn Gott uns uns selbst überließe. Wir könnten unser Leben nicht als Christen leben. Wir würden der Versuchung erliegen. Wir würden wieder in Sünde fallen. Keiner von uns verfügt über genügend geistliche Kraft, um so zu leben, wie es sich für einen Christen gehört.

Aber, Gott sei Dank, es gibt einen Zufluchtsort! Gottes Verheißungen stehen fest wie riesige Felswände. „Fürchte dich nicht!" ruft er uns zu, „denn der Herr, dein Gott, ist mit dir." Das glaube ich einfach — du auch? Ich habe in Gott und seinem Wort eine solch übernatürliche Kraft gefunden, wie ich es nie für möglich gehalten hätte. Als ich meine Zuflucht zu Jesus nahm, habe ich gemerkt, daß ich, wie David in der Höhe Adullam, vor jedem Angriff des Feindes sicher war.

Laß mich noch einmal diesen Namen sagen: JESUS! Fels aller Zeiten! Zuflucht im Sturm! JESUS! Der Felsen in einem durstigen Land. Meine lieben Freunde, vor langer Zeit floh ich, schuldbeladen, zu diesem Felsen und fand dort Sicherheit und Geborgenheit.

Dies ist die größte Sicherheit, die es gibt. Ein König kann in seiner Festung nicht sicherer sein als der Klippdachs in den Felsen. Kein Staatsmann, von Geheimdienstbeamten umgeben, ist so geschützt wie der kleine Felsspaltenbewohner. In Jesus ist der Schwache stark und der Schutzlose geborgen. Solange du dein Vertrauen auf sein Blut setzt, hast du nichts zu fürchten.

Möchtest du im Glauben um dich selbst und dein Eigentum herum eine Blutlinie ziehen? Dann sprich diese kraftvollen Worte: „Im Namen Jesu ziehe ich im Glauben um mich selbst, mein Eigentum, mein Heim, mein Auto, meine Kleider und alles, was ich besitze, eine Blutlinie. Diese Linie ziehe ich im Glauben, da ich weiß, daß im Blut Jesu eine wunderbare Kraft liegt." Weder Satan noch seine Kohorten können eine solche Blutlinie überschreiten!

Dieses Vertrauen zur Wirksamkeit des Blutes Jesu ist durchaus biblisch. Gottes Wort sagt: „... *indem ihr wisset, daß ihr nicht mit verweslichen Dingen, mit Silber oder Gold, erlöst worden seid von eurem eitlen, von den Vätern überlieferten Wandel, sondern mit dem kostbaren Blute Christi, als eines Lammes ohne Fehl und ohne Flecken*" (1. Petrus 1, 18.19).

Als Gläubiger hast du ein Anrecht auf den Schutz seines vergossenen Blutes. Und mit diesem Schutz lebst du auf der Lobpreisstraße in vollkommener Sicherheit.

18. Nur Kinder

Ein Farmer zeigte einem Freund seine schöne Farm. Der Freund war tief beeindruckt von den gepflegten Gebäuden, den weißen Zäunen und den üppigen grünen Feldern. Was ihn aber am meisten beeindruckte, waren die prächtigen Schafe auf den saftigen Weiden.

„Was für wunderbare Schafe!“ rief er aus. „Nirgends habe ich bis jetzt so schöne gesehen!“

„Ja“, gab der Farmer lächelnd zurück, „diese hier sind wohl die vollkommensten ihrer Art, die du irgendwo finden kannst.“

„Sag' mir doch“, erkundigte sich der Besucher, „wie kommt es, daß es dir gelungen ist, solch eine prächtige Herde aufzuziehen?“

„Das ist gar nicht schwer“, erwiderte der Farmer, „ich kümmere mich einfach besonders um die Lämmer.“

Ich hoffe, daß diese Geschichte dir soviel zu sagen hat wie mir. Wenn du ein Vater oder eine Mutter bist und mit deinen Kindern auf der Lobpreisstraße wohnst, dann bin ich sicher, daß du verstehst, wie wichtig es ist, sich um die „Lämmer“ zu kümmern. Auch die Kinder müssen es lernen, Gott zu preisen. Die Lobpreisstraße sollte voll lebhafter Kinder sein, die „Danke, Jesus!“ und „Halleluja!“ zu sagen wissen. Mädchen mit Lockenköpfen, die hinter dem Haus schaukeln, sollten voll Freude lebendige Loblieder singen. Sommersprossige Jungen auf dem Baseballfeld der Lobpreisstraße sollten „Preis dem Herrn!“ sagen, wenn es ihnen gelungen ist, bei einem Schlag alle Markierungen zu durchlaufen. Das Leben im Lobpreis ist nicht nur etwas für alte Leute — die Schafe. Nein, auch die Lämmer müssen unterwiesen werden, wie man Gott preist. Wie traurig, wenn sie aufwachsen, ohne den Lobpreis zu kennen.

Es ist ganz klar, daß Kinder es nicht lernen werden, den Herrn zu preisen, wenn das nicht zu Hause etwas ganz Natürliches ist. Als Vater oder Mutter, die Gott preist, wirst du auch Kinder haben, denen das selbstverständlich ist. Wir müssen viel Zeit auf unsere Kinder verwenden, ihnen die Dinge Gottes einprägen, mit ihnen beten und den Herrn preisen und ihnen helfen, Bibelverse auswendig zu lernen.

Erinnerst du dich daran, was Jesus in Johannes 21, 15 zu Petrus sagte? *„Weide meine Lämmer"*, befahl er ihm. Jesus, als der Oberhirte der Schafe, weiß genau, wie wichtig es ist, die Lämmer richtig zu weiden und zu pflegen. Wieviel Zeit verbringen wir doch damit, unseren Kindern das Laufen, Sprechen und Essen beizubringen! Wie steht es aber um die geistlichen Dinge? Lehrst du deine „Lämmer" die Wege des Herrn? Lehrst du sie, den Herrn zu preisen und sein Wort zu „essen"?

Wenn du deine Kinder unterwiesen hast, wie man ein guter Bewohner der Lobpreisstraße wird, wirst du manchmal staunen, wie Gott sie benutzt, um dich selbst innerlich aufzurichten. Vor einigen Jahren waren meine Frau und ich mit unserem kleinen Sohn Michael auf dem Rückweg von einer besonderen Pastorenkonferenz. Wir unterhielten uns darüber, daß es so schien, als gebe es unter den Pastoren eine allgemeine Tendenz, sich einander anzupassen und daß so viele in ihren Traditionen gebunden seien. Es war uns ein Anliegen, daß wir in unserem Dienst auf keinen Fall jemand anders kopieren wollten.

Plötzlich wandte sich unser kleiner Michael, damals erst

zwei Jahre alt, mir zu und sagte mit Feuereifer: „Papa, sei wie Jesus!"

Mein Herz war tief bewegt, als er wiederholte und mich dabei direkt ansah: „Papa, sei wie Jesus!"

Wenn der Erzengel Michael diese Worte gesprochen hätte, hätten sie für mich kein größeres Gewicht haben können. Ich wußte, daß in der Bibel steht, daß Gott aus dem Munde der Kinder und Säuglinge Macht gegründet hat (Psalm 8, 2), und daß diese Worte von großer Bedeutung waren. Meiner Frau und mir war es klar, daß der Herr durch unseren kleinen Jungen zu meinem Herzen sprach. Die Botschaft war laut und klar: „Papa, sei wie Jesus!"

Eine andere Begebenheit wird mir ebenfalls unvergeßlich bleiben. Unsere Judy war damals vier Jahre alt. Sie hatte mitangehört, wie meine Frau und ich über einige finanzielle Probleme sprachen.

In unserer Familienandacht bat ich an jenem Abend unsere Kinder, alle der Reihe nach zu beten. Michael fing an, dann betete Jeannie.

Als Judy an der Reihe war, drückte sie ihr inbrünstiges Gebet folgendermaßen aus: „Herr, bitte gib uns kräftiges Essen; und, Herr, gib uns starke Kleider zum Anziehen; und, lieber Herr, gib uns, Rechnungen zu bezahlen."

Für einige Augenblicke dachte ich erstaunt über ihr Gebet nach. Es war zwar komisch, kam aber so tiefernst aus ihrem Herzen heraus, daß ich es nicht wagte, darüber zu lachen. Und ich war ziemlich sicher, daß der liebe Herr ihre Bitte noch besser verstand als ich.

Oft, wenn wir vor großen finanziellen Verpflichtungen stehen, werde ich an Judys Gebet erinnert und fasse Mut, weil ich weiß, daß der Herr wirklich unsere Nöte versteht. Und wenn wir Rechnungen vorliegen haben, die er geschickt hat, wird er auch für das Geld sorgen, das wir brauchen, um sie bezahlen zu können. Ich habe also angefangen einzusehen, daß ich Gott sogar für meine Rechnungen preisen kann!

Einige der großartigsten Erfahrungen in meinem Christenleben haben mit meinem Vater-sein zu tun. Ich bin der stolze und glückliche Vater von fünf Kindern. Viel Freude und tiefe Befriedigung habe ich dadurch bekommen, daß ich der Vater dieser Kinder sein darf.

Ich spiele sehr gern mit meinen Kindern. Wir machen zusammen Ballspiele. Wir leisten uns gern gegenseitig Gesellschaft. Und wir arbeiten auch gern zusammen.

Aber die Zeiten des gemeinsamen Gebets gehören zu den schönsten und liebsten Augenblicken meines Lebens. Wir versuchen, unsere Familienandacht für alle ganz wichtig zu machen. Wir glauben, daß sie so schön sein sollte, daß selbst das jüngste Kind sich darauf freut. Wenn man hier nicht aufpaßt, kann die Familienandacht leicht langweilig, monoton oder lästig werden. Es ist ein Verrat an der Sache wahrer Anbetung, wenn man die Andacht so gestaltet, daß sie langweilig oder lästig wird.

Eines Morgens früh lag ich auf meinen Knien in der Küche und versuchte „durchzubeten". Aber in jener Gebetszeit erlebte ich keinen Sieg, keine Freude, keinen Segen.

Mein kleiner Sohn Michael, damals erst etwa 18 Monate alt und soeben im Begriff, laufen und sprechen zu lernen, fand mich in der Küche vor, schmiegte sich still an mich, schlang seine kleinen Ärmchen um meinen Hals und sagte: „Papa, Durst. Trinken."

Schnell erhob ich mich und holte ihm ein Glas Wasser, um seinen Durst zu löschen. Dann nahm ich ihn zärtlich in die Arme und hatte eine herrliche Zeit der Gemeinschaft mit ihm.

Da es noch früh war, wollte er wieder ins Bett. Ich trug ihn durchs Haus in sein Zimmer zurück, und plötzlich überfiel mich die beglückende Erkenntnis, daß ich Vater war und meinen eigenen kleinen Jungen in den Armen hielt.

Ich ging wieder in die Küche, um weiterzubeten. Immer noch kam mir die Gebetszeit uninteressant und langweilig vor. Dann aber sprach der Heilige Geist in einer solch liebevollen, beruhigenden Weise zu mir und sagte:

> *... welcher Mensch ist unter euch, der, wenn sein Sohn ihn um ein Brot bitten würde, ihm einen Stein geben wird?*
>
> *... und wenn er um einen Fisch bitten würde, ihm eine Schlange geben wird?*
>
> *Wenn nun ihr, die ihr böse seid, euren Kindern gute Gaben zu geben wisset, wieviel mehr wird euer Vater, der in den Himmeln ist, Gutes geben denen, die ihn bitten!* (Matthäus 7, 9—11).

Ich sann über diese Worte nach. Sie erwärmten mein Herz. Hier war ich persönlich angesprochen. Ich, Don Gossett, war selbst Vater. Ich wußte meinen Kindern gute Gaben zu geben. Wenn ich Evangelisationen zu halten hatte und länger von meiner Frau und meinen Kindern getrennt war, dachte ich mir gewöhnlich etwas aus, das ich ihnen als kleines Geschenk mit nach Hause bringen konnte. Stets suchte ich die Geschenke mit Überlegung und Sorgfalt aus.

Aber Jesus hatte ja so deutlich gesagt: „*Wieviel mehr* wird euer Vater, der in den Himmeln ist, Gutes geben denen, die ihn bitten!"

Ich begann einzusehen, daß auch ich ja eines von Gottes „Kindern" auf der Lobpreisstraße war und daß sich mein Vater um mich kümmerte, so wie ich mich um *meine* Kinder. Und wenn ich meinen Kindern gern gute Gaben gab, *wieviel mehr* würde mein Vater im Himmel denen, die ihn baten (da war ich eingeschlossen), Gutes geben!

Plötzlich schien ein Licht vom Himmel! Der Heilige Geist hatte meinen Sinn und mein Herz erleuchtet. Nie wieder wollte ich mit dem Gefühl beten, daß mein Vater sich nichts aus mir machte. Nie wieder wollte ich den Gedanken haben, daß ich unwürdig war. Nein! Ich war ja sein Kind, und er hatte mich lieb. Er hatte mich erlöst durch das Blut Jesu Christi, seines Sohnes und meines Heilandes.

Vorsorge war getroffen, daß ich in jeder Beziehung ein fröhliches Gebetsleben führen konnte. Die Tür zum Thronsaal stand offen. In Hebräer 4, 16 hatte er gesagt: *„Laßt uns nun mit Freimütigkeit hinzutreten zu dem Thron der Gnade, auf daß wir Barmherzigkeit empfangen und Gnade finden zur rechtzeitigen Hilfe.“* Halleluja! Jesus hatte mir den Weg bereitet, daß ich jetzt mit dem Vater im Thronsaal Gemeinschaft haben konnte!

Ich konnte liebevoll zu ihm aufsehen und sagen: „Mein Vater.“ Und tief in meinem Innern hörte ich ihn antworten: „Mein Kind.“

Nie wieder wollte ich mich in seiner Gegenwart langweilen. Ich wußte, daß er mich viel mehr liebte als ich je meine eigenen Kinder lieben konnte.

Gelobt sei Gott! Das war die „Stunde der Befreiung“ für mein Gebetsleben. In Zukunft würde ich nicht mehr „plappern“. Ich konnte jetzt mit großer Freiheit und Gewißheit beten. Der Vater, der ja der Geber aller guten und vollkommenen Gaben war, würde mir gern das geben, um was ich ihn bat.

All dieses ging in meinem Innern vor, als Gott mir zeigte, daß er sich wahrhaftig um mich kümmerte.

Meine Liebe zu unseren Kindern war nur ein mikroskopisch winziger Hinweis auf die Liebe, die Gott zu allen seinen Kindern auf der Lobpreisstraße hat.

Große Kinder, kleine Kinder — sie sind alle gleichermaßen in seine Fürsorge eingeschlossen.

19. Berichte

Die Lobpreisstraße ist die längste Straße der Welt. In der Tat habe ich überall auf der Welt, wohin ich auf meinen Reisen gekommen bin, Menschen angetroffen, die auf dieser Straße wohnen. Die Zeugnisse dieser herrlichen Schar von lobpreisenden Menschen festzuhalten, ist für mich bis heute eine faszinierende Beschäftigung, und ich möchte dieses letzte Kapitel dazu benutzen, um einige Erlebnisse weiterzugeben, die von der wunderwirkenden Kraft des Lobpreises Zeugnis ablegen.

Als erstes möchte ich von einem Mann aus Springfield/ Oregon berichten, den ich hier „Ronald" nennen will. Seinen richtigen Namen habe ich leider vergessen.

Ich diente in der Assemblies of God-Gemeinde in Springfield. An diesem Sonntag hatte ich schon dreimal gepredigt; dann kam der Abendgottesdienst. Der Heilige Geist leitete mich so, daß ich über das Thema „Lobpreis" sprach. Nachdem ich meine Predigt gehalten und die Anwesenden in das wunderbare Leben der Anbetung eingeführt hatte, brachte ich den Gottesdienst zum Abschluß. Kaum hatte ich jedoch das letzte „Amen" gesprochen, als Ronald zu mir auf die Rednertribüne kam.

„Bruder Gossett", sagte er, „du hast über die Macht des Lobpreises gesprochen. Ich bin ein lebendiger Beweis dafür, wie Gott darauf antwortet, wenn man ihn preist. Vor genau einem Jahr lag ich sterbenskrank in der Klinik. Ich hatte ein Lungenemphysem und wurde auf der Intensivstation gepflegt. Die Ärzte eröffneten meinen Angehörigen, daß ich nur noch fünf Minuten zu leben hätte. Als auch ich begriff, daß mir lediglich fünf Minuten meines Lebens verblieben, faßte ich den Entschluß, während dieser letzten fünf Minuten meinen Herrn für alle Wohltaten und Segnungen zu preisen, die er mir in meinem Leben geschenkt hatte."

Ronald fuhr fort: „Als ich anfing, den Herrn zu preisen, ging der Heilige Geist darauf ein und tat ein Wunder in mir. Anstatt, daß sich meine Lungen durch das Emphysem aufblähten, wurde der ganze Prozeß umgekehrt. Der Herr „wohnte unter meinem Lob"; dadurch wurden meine Lungen frei, und ich befand mich von jenem Moment an auf dem Wege der Besserung. Nach wenigen Tagen konnte ich aus dem Krankenhaus entlassen werden; ich war durch die Kraft des Herrn völlig geheilt."

Ist das nicht wunderbar? Rons Zeugnis erinnert uns wieder neu daran, daß der Herr noch immer unter unserem Lob wohnt und seine Wunder offenbart, wenn wir aus Liebe unseren Lobpreis verschwenderisch über ihn ausschütten.

★ ★ ★

Je mehr ich Gottes Wort studiere und je mehr Zeugnisse ich von Kindern Gottes höre, desto mehr wächst meine Überzeugung, daß *der Lobpreis der Schlüssel ist.* Er ist der Schlüssel zu allem, was Leben und Gottseligkeit ausmacht. Der Lobpreis ist der Schlüssel zur Taufe im Heiligen Geist. Er ist der Schlüssel zur Gegenwart Gottes.

Herr und Frau Perry Cowger aus Burnaby/British Columbia waren irgendwo nördlich von Fort St. John, B. C. in Urlaub. Auf ihrer Fahrt durch ein einsames Gebiet, meilenweit von der nächsten Ortschaft entfernt, hielten sie am

Ufer eines Flusses, um zu picknicken. Als sie anschließend ihre Reise fortsetzen wollten, konnten sie die Autoschlüssel nirgends finden! Verzweifelt suchten sie den Wagen und das ganze Gelände ab, wo sie ihr Picknick gehabt hatten. Aber alles Suchen blieb erfolglos.

Bruder Cowger erinnert sich daran, wie sie in der Klemme steckten: „Wir hatten gesucht, wo wir nur konnten. Die Autoschlüssel blieben verschwunden! Wir beteten inbrünstig, aber unsere Gebete schienen keine Erhörung zu finden."

Plötzlich kam Frau Cowger eine Idee, wie ihr Problem möglicherweise doch noch gelöst werden konnte. „Bruder Gossett sagt immer, wir sollten »den Herrn trotzdem preisen«!" erklärte sie. „Das wollen wir gerade jetzt in dieser verzweifelt schwierigen Situation tun und abwarten, was geschieht."

Geschwister Cowger erhoben also ihre Hände und ihre Stimmen zum Herrn und priesen ihn dort in der Einsamkeit, meilenweit von jeder menschlichen Behausung entfernt.

Bruder Cowger fährt mit seinem Zeugnis fort: „Als wir anfingen, den Herrn zu preisen, fiel unser Blick auf einen bestimmten Fleck am Boden — und da lagen die Schlüssel!"

Mein lieber Freund, wenn du anfängst, den Herrn zu preisen, hast du die Schlüssel! Die Schlüssel zu jeder geistlichen Segnung in den himmlischen Örtern in Christus Jesus; die Schlüssel zu göttlicher Heilung und Gesundheit; die Schlüssel zu göttlicher Befreiung von jeder Anfechtung.

★ ★ ★

Von einer Sache bin ich fest überzeugt: Wenn du anfängst, Jesus zu preisen, geschieht etwas. Vielleicht sind es nicht immer spektakuläre Dinge, vielleicht kannst du sie weder mit deinen Augen sehen noch fühlen — aber im Bereich des Heiligen Geistes geschieht immer etwas in deinem Leben.

Manchmal durchdringt die Manifestation des Lobpreises auch den physischen Leib und bringt bemerkenswerte Resultate zustande. Das kommt im Zeugnis von Herrn George Mc Comber aus Delta/British Columbia zum Ausdruck:

„Als ich letzten Monat einen Kurzurlaub machte", sagt George, „bekam ich fürchterliche Kopfschmerzen. Einige Monate zuvor hatte ich wegen dieser Kopfschmerzen mit mir beten lassen und mich dann entschlossen, keine Tabletten mehr zu nehmen; ich hatte sie alle weggeworfen. Aber als ich vom Urlaub nach Hause kam, konnte ich es vor rasenden Schmerzen nicht mehr aushalten. Im Gebet sagte ich dem Herrn, daß ich keine Tabletten mehr kaufen wollte — aber irgend etwas mußte unternommen werden. Nur ungern fuhr ich mit meiner Familie den Berg hinauf zur Apotheke. Dann fiel mir ein, was du über den Lobpreis gesagt hattest, und ich fing an, den Herrn Jesus zu preisen.

Kaum hatte ich damit begonnen, da merkte ich, daß das Hämmern in meinem Kopf nachließ. Während wir weiter bergauf fuhren, pries ich Jesus in einem fort und fragte mich, ob die Schmerzen vielleicht plötzlich wieder auftauchen würden. Als wir dann schließlich oben angekommen waren, war unsere ganze Familie dabei, den Herrn mit lauter Stimme zu preisen. Die Kopfschmerzen sind nicht wiedergekommen, und ich brauchte die Tabletten nicht zu kaufen. Ich glaube, daß ich gerade durch diese Kopfschmerzen unmittelbar gefordert wurde, mich mit meinem Lob direkt an den Herrn zu wenden. Durch diese Begebenheit bin ich gereift und im Glauben gestärkt worden. Seitdem habe ich keine Kopfschmerzen mehr gehabt."

Der Heilige Geist ist es, der in unserem Leben heute solche Wunder vollbringt. Ihm liegt so viel daran, daß Jesus erhoben, verherrlicht und gepriesen wird, daß er sich einfach in übernatürlichen Kraftwirkungen offenbart, wenn ein Gläubiger anfängt, Jesus zu preisen.

Für mich war es interessant zu hören, daß Bruder McComber schon auf dem Weg den Berg hinauf zur Apotheke war. Diese Fahrt bergauf bedeutete eine Niederlage in seinem Glaubenslauf. Aber aus diesem Weg der Niederlage wurde ein Triumphzug — durch den Lobpreis!

Es gibt keinen Zweifel: Wenn du Jesus preist, geschieht etwas!

Vor welchem Berg stehst du? Hast du gegen eine bestimmte Niederlage anzukämpfen? Dann kannst du nichts Besseres tun als dort, wo du bist, den Herrn zu preisen.

Wann solltest du das tun? Unterbrich gerade jetzt deine Beschäftigung, hebe dein Herz, deine Hände und deine Stimme zum Herrn Jesus Christus empor und fange an, ihm deine Liebe und deinen Lobpreis darzubringen. Er ist es wert!

⋆ ★ ⋆

Hast du schon einmal einen „Lobpreis-Rundgang“ gemacht? Fräulein Mattie Eskridge aus Los Angeles/California erzählt folgendes Erlebnis:

„Wie dankbar bin ich dem Herrn für deine Unterweisung bezüglich des Lobpreises. Als ich damit begann, den Herrn zu preisen, war ich von vielen Ängsten geplagt. Ohne mein Wissen war meine Mutter, die krank gewesen war, erneut ins Krankenhaus gekommen. Als ich das erfuhr, war ich sehr niedergeschlagen. An jenem Abend ging ich in ganz gedrückter Stimmung nach Hause, setzte mich hin und fing an, dem Herrn mein Herz auszuschütten. Er rief mir eine deiner Lektionen über den Lobpreis ins Gedächtnis. Du hattest vorgeschlagen, wir sollten mir erhobenen Händen durchs Haus gehen und dabei den Herrn preisen. Das tat ich, und eine wunderbare Ruhe kam über mich; der Herr schenkte mir die Gewißheit, daß er Mutter wohlbehalten nach Hause zurückbringen werde.

Tatsächlich ist Mutter wieder zu Hause, und der Herr fährt fort, ihre Gesundheit zu festigen. — Durch den Lobpreis werden unser Verstand und unsere Augen von den Umständen abgewandt und auf Gottes Verheißungen gerichtet."

Hast du auch schon einen Lobpreis-Rundgang durch deine Wohnung gemacht? Wenn nicht, tue es doch jetzt! Geh' durch jedes Zimmer, jeden Flur, jeden Teil deiner Wohnung. Erfülle sie mit dem Lob Gottes. Ich kann dir versichern, daß das Resultat nicht ausbleiben wird: Gott wird dein Heim auf mächtige Weise mit seiner Gegenwart erfüllen!

Wenn ich an den Fall Jerichos denke, werde ich daran erinnert, wie Gottes Volk mit einem Herzen voller Lobpreis zum Herrn um die Mauern der Stadt marschierte. Gott hatte Gefallen an diesem Lobpreis-Rundgang und offenbarte seine übernatürliche Kraft. Auch du solltest heute im Laufe des Tages oder vielleicht heute abend — auf jeden Fall aber bald — einen Lobpreis-Rundgang durch deine Wohnung machen. Erhebe deine Hände, während du den Herrn preist. Ich habe entdeckt, daß in diesem Lobpreis-Gang ein liebliches Geheimnis der Zurüstung zu geistlicher Aktivität liegt.

⋆ ★ ⋆

Frau Earle Leavitt aus St. George/New Brunswick ist so begeistert über das Leben im Lobpreis, daß sie in ihrer Wohnung mit „Lobpreisunterricht" begonnen hat. Als sie mir kürzlich schrieb, schickte Frau Leavitt einen Brief mit, den sie von einer ihrer „Lobpreisschülerinnen" erhalten hatte. Ich denke, daß dieser Brief es wert ist, Verbreitung zu finden:

„Welch ein dynamisches Thema: Die Macht des Lobpreises! Es scheint, daß der Herr von seinem verborgenen Ort des Donners her antwortet, wenn man ihn preist.

Wenn man Gott preist, wird man mit Honig aus dem Felsen gespeist, der die Seele sättigt und für einen gesunden Körper sorgt! Der Lobpreis vertreibt die Geister der Schwachheit und lockert die Knochen!

Man wird von keiner Herzschwäche überfallen — und falls man sie bereits hat, muß sie weichen, wenn man den Herrn beständig preist. Der Lobpreis macht das Herz glücklich, den Leib fröhlich und gesund, läßt die Augen strahlen und den Blick klarer werden! Wenn man noch dazu leichte Speise zu sich nimmt, während man den Herrn preist, wird das Wohlbefinden noch verstärkt. Auch das Gehör wird schärfer! Sogar die Haut, das Haar und die Lippen fangen an zu glänzen!

Dadurch, daß man den Herrn regelmäßig preist, werden alle dämonischen Mächte vertrieben, und man hat Ruhe und Frieden. Wenn man Gott oft preist, ist man umhüllt von seiner Herrlichkeit; ob man sie nun immer sehen kann oder nicht — man fühlt sie jedenfalls durch seine herrliche Gegenwart. Dämonen können diesen Schutz nicht durchbrechen, solange man den Herrn vertrauensvoll preist!

Durch den Lobpreis, der zu Gott emporsteigt, erneuern sich Jugend und Kraft, wird der Glaube entfacht, und der Heilige Geist kann reden. Der Lobpreis erhebt den Allerhöchsten, läßt den Heiligen Geist durch uns fließen, und jedem von uns wird ein Aufgabenbereich zugeteilt, je nachdem er ihn für unser Leben geplant hat.

Auch das Glück ist nicht weiter entfernt als unsere Lippen; wenn wir beständig den Herrn preisen, ganz gleich, was uns begegnet, ist uns der Sieg gewiß! Es wird immer eine königliche Salbung da sein.

Nachdem David die Psalmen niedergeschrieben hatte, pries er immer noch den Herrn. Der allerletzte Vers in den Psalmen lautet: »Alles was Odem hat lobe den Herrn! Lobet den Herrn!« (Psalm 150, 6). Ein Mensch, der das hohe Lob Gottes in seinem Mund hat, bekommt Erkenntnis und Weisheit, die ihn bei den täglichen Angelegenheiten leiten und ihm ein geistliches Verständnis für die Dinge des Lebens schenken!

Wer sich selbst erniedrigt und den Herrn preist, wird gesalbt über seine Brüder hinaus. Er empfindet und wandelt wie ein König. Geistlich gesprochen, singt selbst der Boden unter seinen Füßen, und eine Wolke von Liebe hüllt ihn ein! Er fühlt die Hand des Herrn auf seinem Rücken und seinem Haupt, und der Allerhöchste umgibt ihn!

Warum liegt eine solche Kraft im Lobpreis? Weil wir dazu erschaffen worden sind, den Herrn der Heerscharen zu preisen. Gott hat uns nicht dafür gemacht, daß wir ihn ständig um zweitrangige Dinge bitten sollen; er hat uns zu seinem Lob erschaffen! Wenn wir in den Rhythmus des Preisens hineingekommen sind, spüren wir seine liebliche Gegenwart, und er offenbart uns auch die allergrößten Geheimnisse."

Diese Worte sind mit das Schönste, das ich je über den Lobpreis gelesen habe. Es gibt einfach keine Grenze für das, was sich erreichen läßt, wenn man Gott in jeder Situation preist.

* ★ *

Frau Irma Dous aus Red Deer/Alberta hat sich in der Sprache des Glaubens geübt und ein herrliches Wunder erlebt. Sie schreibt:

„Preis dem Herrn! Ich möchte auch einmal Zeugnis über die Wahrheit ablegen, daß der Sieg im Lobpreis liegt. 32 Jahre lang hatte ich unter Bronchitis und dann Asthma zu leiden. Ich probierte alle Medikamente aus, die es dagegen gab, fand aber immer nur vorübergehend Erleichterung; eine Heilung schien ausgeschlossen.

Dann fuhr ich nach Calgary, um an den Versammlungen teilzunehmen, die du dort abhieltest. Ich war zu der Zeit sehr krank und überlegte ob ich die Fahrt von 140 Kilometern bis nach Calgary wagen könne. Doch ich tat es im Glauben und pries dabei den Herrn.

Nie werde ich vergessen, was der Herr an jenem Tag für mich tat. Du legtest mir die Hände auf und fingst an zu beten, und dann fordertest du mich auf, den Herrn zu preisen und ihm zu danken. Das tat ich auch. Gelobt sei der Herr, er heilte mich von Asthma und doppelseitiger Lungenentzündung und öffnete mehrere Lappen in meiner Lunge, die versagt hatten! Ich möchte es wiederholen: Gelobt sei der Herr! Seitdem preise ich ihn jeden Tag und habe von jenem wunderbaren Tag an, dem 1. September 1971, keine Medikamente mehr zu nehmen brauchen. Halleluja!“

Verstehst du, der Lobpreis ist die Sprache des Glaubens. Der Glaube drückt sich nicht nur im Bekennen des Wortes Gottes aus, sondern auch im Lob des Herrn. Besonders der öffentliche Lobpreis ist äußerst wirksam. Der Glaube, der es wagt, Gott selbst angesichts schwieriger Umstände zu preisen — auch wenn andere zuhören — ist der Glaube, der Ergebnisse zeigt.

★ ★ ★

Es gibt zwei Gelegenheiten, bei denen man den Herrn preisen kann:

1. wenn man Lust hat, ihn zu preisen;
2. wenn man keine Lust hat, ihn zu preisen.

So einfach ist das! Selbstverständlich soll der Herr gepriesen werden, wenn die Seele voll Freude ist, der Geist jubelt und wenn man aufgrund der Gegenwart Gottes und der Siege in seinem Namen fröhlich ist. Aber dann ist der Lobpreis auch besonders für solche Zeiten gedacht, in denen man gar keine Lust dazu hat. Fräulein Charlotte Walther aus Jefferson City/Missouri hat diese Wahrheit entdeckt:

„Ich hatte eine neue Beschäftigung angenommen, die eine größere Verantwortung mit sich brachte. Es schien mir unmöglich, mich in diese neue Aufgabe hineinzufinden und dabei das Gefühl zu haben, daß ich sie gut genug ausführte. Eines Abends nun entschloß ich mich, Gott nicht länger darum zu bitten, er möge die schwierige Situation von mir wegnehmen, sondern einfach zu versuchen, nicht zu klagen, sondern lieber »trotz allem« den Herrn zu preisen.

Ich ging also durch die Reihe der Maschinen in der Plastik-Abteilung, die ich zu überwachen hatte. Alles schien schief zu laufen. Ich hinkte mit der Kontrolle hinterher und war einfach überall zu spät daran. Als dann noch mehr Dinge hinzukamen, fing ich plötzlich an zu lachen! Ich pries den Herrn und sagte: »Herr, ich kann mir nicht helfen, ich muß einfach lachen. Die Situation ist so unmöglich — es ist zu komisch!«

Und glaub' mir, obwohl ich lachte und Gott pries, änderte sich nichts an der ganzen Situation. Sie schien eher noch schlimmer zu werden, wenn das möglich war. Trotzdem bekam ich in meinem Geist neue Kraft, neuen Mut und eine innere Befreiung, um den Aufgaben begegnen zu können. Seitdem ist meine Arbeit keineswegs weniger anspruchsvoll geworden, aber ich habe noch mehr Kraft und Mut dazubekommen. Die Freude am Herrn ist tatsächlich meine Stärke. So bin ich im Begriff zu lernen, wie man ihn täglich preist, ohne Rücksicht auf die Situation.

Die Sache, in der es mir weitaus am schwersten fiel, den Herrn zu preisen, war das Alleinsein. Ich hatte mir immer gewünscht, verheiratet zu sein, und fragte ständig: »Warum nicht, Herr?« Ich wurde unzufrieden, bitter, zynisch und verlor fast das Interesse an meinem Leben mit Christus.

Eines Tages war ich zu Hause und jammerte wie üblich, als es mir in den Sinn kam, ich sollte versuchen, den Herrn „trotz allem" zu preisen. Im gleichen Augenblick, als ich den Mund öffnete und sagte: »Ich preise dich, Herr Jesus, wenn ich auch kein eigenes Heim und keine Familie habe«, fühlte ich mich in meinem Geist befreit, und Freude durchströmte mich. Nie zuvor hatte ich daran gedacht, Gott trotz allem zu preisen. Aber es geht, und ich bin überglücklich! Gepriesen sei sein wunderbarer Name! Freudig lerne ich es jetzt, mit der jeweiligen Situation, in die der Herr mich hineinstellt, zufrieden zu sein. Ich bin froh, dieses Zeugnis an dich weitergeben zu können."

★ ★ ★

Im Lauf der Jahre habe ich durch die Kraft des Lobpreises Heilung auf Heilung erlebt. Ich habe vielen Menschen Mut gemacht, den Herrn zu preisen, bis sie tatsächlich geheilt waren. Während sie Gott beständig lobten und priesen, floß

Heilungskraft in sie hinein, und der Herr machte sie gesund. In manchen Fällen mag es notwendig sein, im Preisen auszuhalten, bis die Heilung völlig offenbar wird, aber es ist sicher, daß der Herr über seinem Wort wacht und es erfüllt.

Den folgenden Brief erhielt ich von Frau Charles J. Martz aus Brooklyn/New York:

„Ich war 61 Jahre alt, als der Herr mich errettete. Wie preise ich ihn für seine große Liebe! Dann führte mich der Heilige Geist ins Loben und Danken hinein. Er hat meinen Becher bis zum Überfließen gefüllt und mir viel mehr Segen geschenkt, als ich verdiene. Dann tat er noch ein übriges, indem er mich im Heiligen Geist taufte. Ich bin jetzt 70 Jahre jung, und es scheint, je älter ich werde, desto mehr brenne ich für Jesus.

Vor einiger Zeit war ich von schlimmen Ischiasschmerzen in meinem rechten Bein und der rechten Hüfte geplagt. Laufen konnte ich nur mit zusammengebissenen Zähnen. Aber trotzdem pries ich Gott und wiederholte volle 36 Stunden lang immer wieder: »Danke, Jesus!« Dann war ich geheilt. Alle Ehre gebührt unserem starken Gott!"

Wenn du Heilung für deinen Körper brauchst, dann fange an, den Herrn zu preisen. Sage: „Danke, Jesus; in deinen Wunden bin ich geheilt!" Sag' es immer wieder. Fahre fort, den Herrn zu preisen. Ich möchte dir Mut machen, darauf zu warten, daß deine völlige Heilung offenbar wird, während du Gott weiter preist.

⋆ ★ ⋆

Eines der wichtigsten Dinge, auf die man achten muß, ist, daß man trotz gegenteiliger Gefühle am Lobpreis festhält. Hundert und mehr negative Gefühle können an jedem beliebigen Tag in unserem Sinn und Verstand auftauchen. Manchmal hängt das davon ab, was andere zu uns sagen oder wie sie uns behandeln. Daneben gibt es dann jenes unerklärliche ,,Gefühl der Leere" oder auch das Gefühl der Niedergeschlagenheit, des Verzagtseins und der trüben Stimmung. Aber durch alles hindurch müssen wir es lernen, den Herrn zu preisen, und wir werden sehen, daß diese unliebsamen Gefühle verschwinden.

Frau Mary Slagel aus Tacoma/Washington berichtet über ihre Erfahrungen auf diesem Gebiet:

,,Das bedeutendste Resultat des Lobpreises, das wir bis jetzt erlebt haben, ergab sich während der Zeit, als mein Mann und ich die »Indische Erweckungs-Gemeinde« hier leiteten. Ich nahm jeden auf, der des Weges kam, da unser Haus vier Schlafzimmer und dazu einen Keller hatte, in dem auch noch Betten standen. So hatte ich viel Arbeit mit dem Zubereiten der Mahlzeiten und dem Säubern und Aufräumen der Zimmer. Eines Tages, als wir uns an den Tisch setzten, um zu essen, taten mir die Beine so weh, daß ich fast geweint hätte. Ich dankte für das Essen und fügte dann hinzu: »O Jesus, ich danke dir und preise dich für alles, was mir weh tut.« Da kam der Geist des Herrn hernieder und überflutete mich ganz, von Kopf bis Fuß wie warmes Öl. Alle Schmerzen waren verschwunden — oh, welche Freude erfüllte mein Herz! In meinem Christenleben habe ich viel Leid und Kummer gehabt, aber all das hat dazu beigetragen, mir Jesus so real werden zu lassen. Ich liebe ihn ja so sehr."

⋆ ★ ⋆

Frau B. Maser aus Edmonton/Alberta hat auch ein Zeugnis anzufügen:

,,Lieber Bruder Gossett, es ist einfach wunderbar, dieses Leben im Lobpreis! Ich hatte schlimme Schmerzen im unteren Teil meines Rückens und im linken Bein bis hinunter zum Knöchel. Manchmal konnte ich mich nicht auf den Beinen halten, um meine Arbeit zu tun — und wenn ich stand, dann nie länger als zehn bis fünfzehn Minuten. Dann mußte ich mich wieder setzen bzw. hinlegen, damit die Schmerzen abnahmen. So ging es etwa fünf oder sechs Jahre lang. Besonders der letzte Winter war sehr schlimm.

Im Frühjahr schickte ich dir ein Fürbittegesuch wegen der Schmerzen in meinem Bein und Rücken und ließ auch in unserer Gemeinde mit mir beten. Dann fing ich an, den Herrn zu preisen. Ich sagte: »Danke, Herr Jesus; in deinen Wunden bin ich geheilt.« Am nächsten Tag pries ich den Herrn wieder für meine Heilung und konnte anschließend meine Arbeit tun. Es fiel mir erst einige Tage später auf, daß ich die ganze Woche über ohne jegliche Schmerzen meiner Arbeit hatte nachgehen können. Es war einfach herrlich; es war ein Gefühl, als hätte ich einen neuen Rücken und ein neues Bein bekommen. Gepriesen sei der Herr Jesus, in dessen Wunden ich geheilt bin!"

So gehen sie ständig bei mir ein — die vielen Berichte über die Macht des Lobpreises. Meine Akten sind voll von solchen Zeugnissen. Und beim Lesen dieser Briefe sehe ich eines ganz deutlich: Jeder Bewohner der Lobpreisstraße ist davon überzeugt, daß der Lobpreis wirklich hilft!